Das Deutschbuch

Berufsfachschule 1
Rheinland-Pfalz

Herausgegeben von
Thomas Rahner, Christoph Scheele, Helmut van Züren

Erarbeitet von
Alexandra Diehl, Gabriele Harff-König, Birgit Lascho, Petra Pascher, Susanne Sander, Christoph Scheele, Martina Schulz-Hamann, Helmut van Züren

Cornelsen

Vorwort

Liebe Schülerinnen, liebe Schüler,

Sie möchten einen Mittleren Bildungsabschluss erreichen. Das Fach Deutsch bildet dafür eine wichtige Grundlage: In Schule, Ausbildung und Beruf wird es immer wichtiger, kommunikative Situationen richtig zu deuten, zielgerichtet und angemessen zu gestalten. Das erfordert Kompetenzen im Sprechen, Schreiben, Zuhören und im Umgang mit Texten aller Medien. „Das Deutschbuch für die Berufsfachschule 1 und 2" bietet dafür Hilfestellungen.

Die beiden Bände sind nach Bausteinen gegliedert:

Band 1: **Basisbaustein**
Die Kapitel im Basisbaustein bilden das Fundament. Hier finden Sie Grundlagenwissen zum Wiederholen, Üben und Festigen, je nach Ihrem Leistungsstand. Außerdem finden Sie hier die Grundlagen der Kommunikation (Kapitel 1), auf denen in den Lernbausteinen 1 und 2 des 2. Bandes aufgebaut wird;

Band 2: **Lernbaustein 1** und **Lernbaustein 2**
Die Kapitel in diesen Bausteinen bauen aufeinander auf und führen Sie gezielt zu den notwendigen Qualifikationen für den Mittleren Bildungsabschluss;

Informationen, Methoden, Zusatzmaterialien
Dieser Teil des Buches hat Service-Charakter für alle Basis- und Lernbausteine. Hier finden Sie Informationen und Übungen zu grundlegenden Arbeitstechniken und Methoden.

Alle Bausteine sind nach Kompetenzbereichen gegliedert. Sie erkennen an der Farbe, in welchem Bereich Sie sich befinden:

- Sprechen und Zuhören
- Sachtexte lesen, analysieren, schreiben
- Literarische Texte lesen, interpretieren, dazu schreiben
- Grundlagenwissen wie Rechtschreibung, Lerntechniken, Methoden

Darüber hinaus finden Sie Kapitel zu handlungsorientierten Themen (HOT). Hier arbeiten Sie an Projekten bzw. projektartigen Aufgaben.

Je nach Aufgabenstellung arbeiten Sie allein, mit einem Partner oder einer Partnerin oder in Gruppen.

Viel Freude und Erfolg im Unterricht sowie auf Ihrem weiteren Ausbildungsweg wünschen Ihnen die Herausgeber, Autorinnen und Autoren und die Verlagsredaktion.

Inhaltsübersicht

Basisbaustein

Inhaltsübersicht

Informationen, Material, Methoden

Kapitel 1

Kommunikation ist mehr als Sprechen

Kommunikation besteht nicht nur aus Worten: Wir kommunizieren mit Mund, Ohren, Augen, mit dem ganzen Körper. Wir sprechen und wir hoffen, dass andere es so verstehen, wie wir es meinen.

In diesem Kapitel lernen Sie verschiedene Ebenen der Kommunikation kennen und bewusst gestalten. Dieses Wissen ist Basis für die Arbeit in vielen Kapiteln des Buches.

Darüber hinaus werden Sie im Umgang mit Konflikten geschult.

Womit ich schon Erfahrungen habe

- ✔ Meine Mutter reagiert schon auf meinen Gesichtsausdruck, da muss ich gar nichts sagen.
- ✔ Wenn ich etwas sage, versteht sie mich oft falsch.
- ✔ Wenn mein Freund mir etwas erzählt, muss ich genau auf den Tonfall hören, er meint nicht immer alles ernst.

Ohne Worte sprechen

Mit dem Körper sprechen

Wir drücken uns nicht nur in Worten aus, sondern auch durch unseren Körper und unsere gesamte äußere Erscheinung.

1 ***Erschließen Sie die Aussage des Comics nach folgenden Gesichtspunkten (➪ Kapitel 10, S. 142):***

a) Was möchte Hägar mitteilen? Überlegen Sie, was seine „Verkleidung" ausdrücken soll.

b) Was könnten seine Untergebenen verstanden haben? Notieren Sie Sätze für die leere Sprechblase. Den Originaltext der Sprechblase finden Sie auf S. 148. Vergleichen Sie ihn mit Ihren Ergebnissen.

c) Warum spricht Hägar nicht mit Worten aus, was er sagen will, sondern mit dem Körper und seiner äußeren Erscheinung?

2 ***Drücken Sie sich durch Körpersprache aus.***

a) Stellen Sie die folgenden Reaktionen und Befindlichkeiten ohne Worte dar. Orientieren Sie sich auch an den Fotos.

- Zustimmung
- Begeisterung
- Freude
- Ablehnung
- Erstaunen
- Entsetzen
- Nichtwissen
- Siegesfreude
- Ekel

b) Ergänzen Sie die Reihe durch weitere Beispiele.

c) Stellen Sie Ihr Ergebnis der Klasse vor. Lassen Sie Ihre Mitschüler herausfinden, was Sie ohne Worte äußern.

Körpersprache verstehen

In unserem alltäglichen Leben beginnen Gespräche oft ohne Worte. Bestimmte Verhaltensweisen rufen entsprechende Reaktionen hervor.

1 *Beschreiben Sie die Situation in der Klasse mithilfe der folgenden Arbeitsaufträge (➪ Kapitel 10, S. 142):*

a) Welches Verhalten kann die Lehrerin bei ihren Schülerinnen und Schülern beobachten? Beispiel: *auf die Uhr schauen.* Schreiben Sie Ihre Ergebnisse auf Karten.

b) Die Lehrerin sieht das Verhalten und fragt: „Wie, bitte, soll ich das verstehen?“ Antworten Sie und formulieren Sie zu dem jeweiligen Verhalten einen passenden Satz. Beispiel: *auf die Uhr schauen = Wann ist endlich Schluss?*

c) Welche Reaktionen der Lehrerin auf das Verhalten der Schüler können Sie sich vorstellen? Nennen Sie Reaktionen und überlegen Sie, mit welchen nichtsprachlichen Äußerungen die Lehrerin reagieren könnte. Beispiel: *Wut – stützt die Hände in die Hüften*

d) Halten Sie die Ergebnisse in Form einer Tabelle nach folgendem Muster fest:

Verhalten der Schüler	Aussage (Mitteilung)	Reaktion der Lehrerin	Nichtsprachliche Äußerung der Lehrerin
auf die Uhr schauen	Wann ist endlich Schluss?	Wut	stützt die Hände in die Hüften

Körpersprache verstehen

Basiswissen | Die Bedeutung der Körpersprache für die Kommunikation

Der Mensch kommuniziert mit Mund, Ohren und Augen, seine Kommunikation besteht aus sprachlichen (verbalen) und nichtsprachlichen (nonverbalen) Anteilen. Der Anteil der Körpersprache an der Wirkung der kommunikativen Signale beträgt etwa 70 bis 80 Prozent. Die Wirkung der Körpersprache ist also viel bedeutsamer als das gesprochene Wort. Es ist deshalb sehr wichtig, **wie** etwas mitgeteilt wird.

Zu den nichtsprachlichen (nonverbalen) Signalen der Kommunikation gehören:

- die Mimik (Gesichtsausdruck)
- die Gestik (Sprache der Gebärden mit Armen und Händen)
- die Körperhaltung (z. B. eine bestimmte Art, zu sitzen oder zu stehen)
- die äußere Erscheinung (z. B. Kleidung, Frisur, Körperschmuck)
- Sprechweise, Stimmlage, Tonfall
- der Geruch

Dass Menschen mehr den Augen vertrauen als den Ohren, hat mit unserer Entwicklungsgeschichte zu tun, mit unserer kommunikativen Vergangenheit. Unsere Vorfahren waren darauf angewiesen, ihre kommunikativen Absichten, z. B. Nähe oder Distanz, Zuneigung oder Ablehnung, Zuwendung oder Bedrohung, Angst oder Sicherheit, durch körperliche Gebärden darzustellen.

Gerade wenn es um Gefühle geht, z. B. um Liebe, Angst, Bedrohung, beobachtet auch der moderne Mensch seinen Gesprächspartner sehr genau, um zu überprüfen, ob er dem Gesagten auch vertrauen kann.

2 *Kommunizieren Sie ohne Worte. Überprüfen Sie, ob Sie verstanden werden.*

a) Überlegen Sie, was Sie ohne Worte darstellen können mit: • den Fingern • dem Daumen • der Faust • den Augen • den Händen am Kopf • mit anderen körpersprachlichen Mitteln.

b) Stellen Sie Ihre Ergebnisse vor und lassen Sie die Mitschüler herausfinden, was Sie mitteilen wollen.

c) Gibt es in Ihrer Klasse Unterschiede in der Interpretation? Wenn ja, dann notieren Sie diese. Überlegen Sie, auf welche Ursachen sie zurückzuführen sein könnten.

Zwischenfazit

Körpersprache:
- verwenden
- verstehen
- darauf reagieren

Das Gemeinte im Gesagten erkennen

Sagen, was gemeint ist

Wenn wir uns mitteilen, formulieren wir das Ziel unserer Äußerung oft nur indirekt. Wir müssen deshalb unterscheiden zwischen dem, was wir sagen, und dem, was wir meinen.

1 *Erschließen Sie den Comic unter folgenden Gesichtspunkten:*

a) Was möchte Helga mit ihrer Frage erreichen?

b) Hägar antwortet: „Natürlich, Schatz." Wie hätte er aufgrund der Fragestellung bzw. Aufforderung noch reagieren können? Formulieren Sie denkbare andere Reaktionsmöglichkeiten Hägars.

c) Helga sagt nicht direkt, was sie will, sondern formuliert ihr Ziel indirekt. Nennen Sie mögliche Gründe.

2 *Formulieren Sie Helgas Redebeitrag so, dass sie ihr kommunikatives Ziel direkt ausdrückt.*

Konflikte sind im Alltag ganz normal. Viele Konflikte lassen sich aber vermeiden, wenn die Gesprächspartner herausfinden, was sie überhaupt voneinander wollen.

Situation

Edgar und Lisa haben ein Problem

Edgar und Lisa kennen sich schon einige Monate und sind verliebt.

Lisa möchte möglichst ihre ganze Freizeit mit Edgar verbringen, doch der will nicht auf das Fußballtraining und die Spiele verzichten. Außerdem sind da noch die Sonntagsspiele der Herrenmannschaft, in der er auch einmal spielen will.

Lisa weiß, wie viel das Fußballspielen ihrem Freund bedeutet, doch sie fühlt sich vernachlässigt, und obendrein scheint Edgar das gar nicht zu bemerken.

3 *Notieren Sie verschiedene Äußerungen, mit denen Lisa auf ihr Problem aufmerksam machen könnte.*

Verstehen, wie etwas gemeint ist

Durch ihre Reaktion aufeinander bestimmen Edgar und Lisa, wie sich ihr Konflikt entwickelt.

Über den Sachverhalt reden

In den Arm nehmen und trösten

Aufgefordert werden

Bearbeiten Sie die folgenden Aufgaben in Gruppen.

4 *Beschreiben Sie die Situation, in der sich Lisa und Edgar befinden.*

5 *Wie könnte Edgar auf Lisas Äußerungen antworten?*
Wie könnte sich der Konflikt weiterentwickeln?

a) Verfassen Sie einen kurzen Dialog, der zu der jeweiligen Reaktion auf den Fotos passen könnte.

b) Diskutieren Sie, zu welchem Ergebnis der jeweilige Gesprächsverlauf führen wird. Kann das Problem gelöst werden oder wird der Konflikt verschärft?

c) Stellen Sie Ihr Gruppenergebnis der Klasse vor und begründen Sie es.

Verstehen, was gemeint ist

Basiswissen | Kommunikation auf verschiedenen Ebenen

Nicht-Verstehen ist keine kommunikative Unfähigkeit, sondern ein Normalzustand, denn das Gesagte ist oft nicht das Gemeinte.

- **Zwei Seiten, die zusammengehören: Sender und Empfänger**
  Missverständnisse gehören zum Alltag, weil kommunikative Vorgänge darin bestehen, dass ein Sender etwas aussagt, was bei einem Empfänger (z. B. Hörer) ankommt. Der Empfänger muss entschlüsseln, was der Sender meint, muss deuten, auslegen, also interpretieren.
- **Sender äußern etwas, Empfänger verstehen etwas**
  Die Auslegung des Gesagten durch den Empfänger kann sich von dem unterscheiden, was der Sender aussagen wollte. Dafür gibt es verschiedene Gründe: Menschen reagieren verschieden, sie unterliegen Stimmungen, haben unterschiedliche Lebenserfahrungen.
- **Gesprächsverhalten ist situationsabhängig**
  Menschen reden miteinander verschieden. Ihre Wortwahl ist z. B. davon abhängig, mit wem sie sprechen, also gesteuert von der Rolle, in der sie sich befinden. Das Gesprächsverhalten im Unterricht mit der Lehrerin oder dem Lehrer unterscheidet sich von dem am Mittagstisch mit Eltern und Geschwistern und dem mit Freundinnen oder Freunden in der Freizeit. (➪ Kapitel 9, „Situationsbezogen sprechen“)
- **Kommunikation findet auf mehreren Ebenen statt**
  Vor allem reden Menschen oft nicht direkt, sondern verkleiden ihre kommunikativen Absichten. Das erschwert das Verstehen für den Empfänger besonders. Mit dem Satz „Du interessierst dich ja nur noch für Fußball und nicht mehr für mich!“ kann das Ziel einer sachlichen Auseinandersetzung verfolgt werden. Für und Wider der inhaltlichen **DARSTELLUNG** werden dann abgewogen. Vielleicht will der Sender aber eine Befindlichkeit zum **AUSDRUCK** bringen, z. B. Traurigkeit über die verlorenen gemeinsamen Stunden. Oder es handelt sich um eine Aufforderung, einen **APPELL**: „Mann, ändere endlich etwas!“

Der Empfänger muss also herausfinden, welches kommunikative Ziel verfolgt wird, auf welcher Ebene der Äußerung das Gewicht liegt. Nur so kann er „richtig“ reagieren und die Ausweitung eines Konflikts vermeiden.

<u>Sender</u>
Gesagtes

Kommunikation →

<u>Empfänger</u>
Gemeintes?

Beispiel: *Lisa zu Edgar:*
„Du interessierst dich ja nur noch für Fußball und nicht mehr für mich.“

Ziel / Absicht der Kommunikation	**Ebenen**	**Beispiel:** *Was will Lisa erreichen?*
– sich sachlich auseinandersetzen	**Darstellung**	– *Will sie das Problem sachlich diskutieren?*
– eine Stimmung, Befindlichkeit ausdrücken	**Ausdruck**	– *Soll er bemerken, dass sie traurig ist?*
– eine Aufforderung, Anordnung befolgen	**Appell**	– *Soll er das nächste Spiel absagen?*

Eine sprachliche Äußerung/Mitteilung lässt sich anhand unterschiedlicher Modelle entschlüsseln (➪ Kapitel 9, S. 135).

Erfolgreich kommunizieren

Im Alltag befinden wir uns ständig in kommunikativen Situationen, einmal als Sender, einmal als Empfänger. Von unseren Gesprächspartnern wünschen wir uns, dass sie richtig verstehen, was wir meinen.

Situation 1

Eine Schulklasse während des Unterrichts.

Schüler A sagt zu Schüler B: *„Mann, blendet die Sonne.“*

B: *„Ich steh doch jetzt nicht auf und schließe den Vorhang.“*

A: *„Ich sagte ja nur, dass mich das Blenden nervt.“*

Situation 2

Es ist Sonntag, etwa 12:30 Uhr. Die Tochter, 15 Jahre alt, ist gerade aufgestanden und frühstückt. Sie sagt: *„Oh, diese Woche sind doch Verwarnungskonferenzen wegen der Versetzung.“*

Die Mutter reagiert darauf: *„Hoffentlich bekommst du keinen blauen Brief. Ich musste jedenfalls nie wiederholen. Aber ich war ja auch sehr ehrgeizig.“*

Situation 3

Freundin zum Freund: *„Es ist nun einfach so, dass ich um 24:00 Uhr zu Hause sein muss, weil meine Eltern das so wollen. Das ist nicht zu ändern. Könntest du nicht früher kommen, damit wir zusammen mehr Zeit haben?“*

Freund: *„Wenn du meinst, dass ich dich zu spät abhole, ist das dein Problem. Meine Eltern sind jedenfalls nicht so altmodisch.“*

1 ***Untersuchen Sie die drei Situationen mit Blick auf den Erfolg der Kommunikation zwischen den Gesprächspartnern (→ Kapitel 10, S. 143). Gehen Sie dabei auf die Ebenen der Kommunikation*** **Darstellung, Ausdruck** ***und*** **Appell** ***ein (→ S. 11).***
(Ein Lösungsmuster finden Sie in Kapitel 10, S. 145.)

a) Überlegen Sie, welches kommunikative Ziel der Sender jeweils verfolgt. Begründen Sie Ihre Auffassung.

b) Auf welcher Ebene nimmt der Empfänger die jeweilige Äußerung auf? Nennen Sie Ursachen.

c) Überlegen Sie, was den jeweiligen Empfängern der Nachrichten helfen könnte, die Sprechabsicht des Senders „richtig“ zu verstehen und Missverständnisse zu vermeiden. Nennen Sie Beispiele.

Zwischenfazit

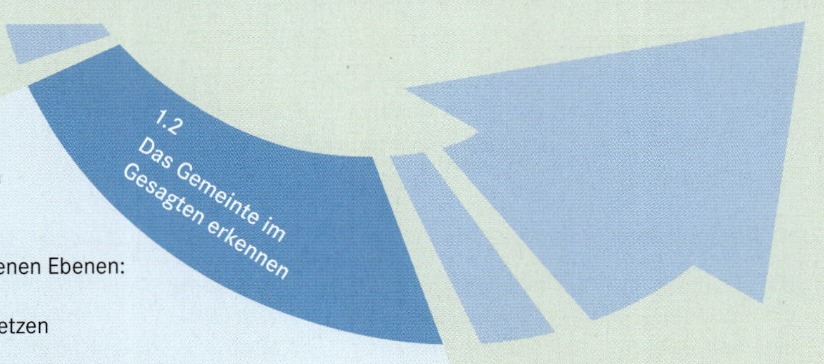

Kommunikation auf verschiedenen Ebenen:

- **Darstellung:**
  sich sachlich auseinandersetzen
- **Ausdruck:**
  eine Befindlichkeit ausdrücken, bemerken
- **Appell:**
  eine Aufforderung, Anordnung befolgen

Auf das Gesagte angemessen reagieren

Kritik verstehen

Es gibt Gesprächssituationen, die in Verstimmung oder sogar in einen Konflikt münden.

HÄGAR der Schreckliche von Dik Browne

1 ***Untersuchen Sie den Comic mithilfe der folgenden Arbeitsaufträge:***

a) Helga teilt sich indirekt mit. Was sagt sie und was meint sie?

b) Welche körpersprachlichen Signale Helgas könnten Hägar helfen, die kommunikativen Absichten seiner Ehefrau zu erkennen?

c) Formulieren Sie Helgas Aussage so, dass ihre Absicht deutlich wird.

d) Wie hätte Hägar reagieren müssen, um einen Konflikt zu vermeiden?

2 ***Wie wirkt der Comic auf Sie?***

Situation

Eine Mitschülerin hat Ihnen vor vier Wochen ihre Lieblings-CD für zwei Tage geborgt. Sie haben die CD noch immer nicht zurückgegeben.
Die Mitschülerin sagt:

Variante 1: Also, es gibt Leute, denen sollte man wirklich nichts borgen, wenn man da nicht nachhakt, sind die Sachen weg. Fällt dir da was ein?

Variante 2: Ich habe dir vor vier Wochen eine CD geborgt. Du wolltest mir diese zwei Tage später zurückgeben. Bitte bringe sie noch heute bei mir vorbei!

Variante 3: Das hätte ich wirklich nicht von dir gedacht, dass du auch so schlampig bist und nichts zurückgibst, wenn man dir was borgt.

3 ***Setzen Sie sich mit der Situation und den drei Aussagen dazu auseinander (→ Kapitel 10, S. 144):***

a) Sprechen Sie sich gegenseitig die drei Aussagen vor. Variieren Sie dabei auch Mimik, Gestik, Tonfall. Überlegen Sie, wie die geäußerte Kritik jeweils auf Sie wirkt.

b) Formulieren Sie Antworten. Besprechen Sie, ob die Antwort einen Konflikt verschärfen oder entschärfen kann.

Kritik äußern, Kritik annehmen

Kritik am Verhalten anderer äußern und Kritik anderer aufnehmen und verarbeiten – das sind zwei Seiten einer kommunikativen Situation. Ob sie erfolgreich gemeistert wird, das hängt zunächst entscheidend vom Verhalten des Senders, also des Kritisierenden, ab.

Situation

Sprach der Lehrer zum Schüler:

„Du wirst nie fertig. Du sitzt da und träumst vor dich hin. Glaubst du, du könntest im Traum etwas lernen? Von Pünktlichkeit hast du scheinbar auch noch nichts gehört. Aber das ist alles typisch für deine Lebenseinstellung. Keiner ist hier so. Wenn man dir etwas erklärt, hörst du nie zu. Kein Wunder, dass du nichts Ordentliches zustande bringst. Nichts kannst du. Das sehen übrigens auch alle Kollegen so. Eine Riesenschlamperei ist das. Eigentlich müsste man die Hoffnung aufgeben. Was Hänschen nicht lernt, lernt Hans auch nicht mehr. Aber man weiß ja nie. Was nicht ist, kann ja noch werden. Fragt sich bloß, wie …"

1 ***Stellen Sie die Situation in einem Rollenspiel (➪ Kapitel 9, S. 138) dar.***

a) Arbeiten Sie in kleinen Gruppen. Ergänzen Sie im Spiel den Dialog: Wie könnte sich der Schüler verhalten? Führen Sie der Klasse das Rollenspiel vor.

b) Die gerade nicht vorspielenden Gruppen beobachten das Rollenspiel nach folgenden Gesichtspunkten:
- Welche Gestik, Mimik und welchen Tonfall benutzen die am Dialog beteiligten Personen?
- Halten Sie außerdem fest, mit welchen Worten der Schüler angesprochen wird.

2 ***Werten Sie nach jedem Spiel Ihre Beobachtungen aus:***

a) Welche Gefühle und Regungen wird das Gespräch in den jeweiligen Personen auslösen? Notieren Sie Beispiele.

b) Diskutieren Sie: Tragen die entstandenen Gefühle und Regungen zu einer Problemlösung bei?

c) Halten Sie Ihre Ergebnisse jeweils in einer Tabelle fest:

Person	Körpersprache	Gefühle/Regungen	Lösung
Lehrer	steht drohend …	Ich muss mir endlich Luft verschaffen …	
Schüler	sitzt, Blick nach unten …	Am besten nichts sagen. Der kann mich mal.	

Kritik äußern, Kritik annehmen

Basiswissen — Gespräche destruktiv oder konstruktiv führen

Berechtigte Kritik zielt auf eine Änderung des Verhaltens. Dieses Ziel darf nicht aus den Augen verloren werden, andernfalls geht es nämlich nur darum, „Dampf abzulassen" oder einfach Recht zu behalten.

Wenn eine Verhaltensänderung angestrebt wird, muss der Gesprächspartner überzeugt werden, er darf nicht nur beschimpft werden. Im zweiten Fall wird aus dem Kritikgespräch ein Angriff mit dem Ziel, den anderen zu besiegen.

Die Gefühle des Gesprächspartners sollen verletzt werden.

Ein solches „Angriffsgespräch" bezeichnet man als **destruktiv (= zerstörend)**.

Merkmale destruktiven Sprechens sind:

• „Du-Botschaften"	„Du bist immer unpünktlich."
• allgemeine Vorwürfe	„Das ist typisch für dich."
• Ironie	„Was nicht ist, kann ja noch ..."
• Entwertung/Verletzung	„... nichts Ordentliches ..."
• Kritik aus „zweiter Hand"	„Das sehen alle so."
• Kritik gegen die „ganze Person"	„Nichts kannst du."
• Machtdemonstration	von oben herab reden

Folgen: Je nach Situation kann der Kritisierte nur noch resignieren (er schweigt) oder mit gleichen Mitteln zurückschlagen. Diese Form der Gesprächsführung führt zu keiner Problemlösung.

Das heißt aber nicht, dass keine Kritik, kein sprachlicher Streit stattfinden darf.
Auseinandersetzungen können auch konstruktiv (= aufbauend) geführt werden.

Regeln für **konstruktives Sprechen** sind:

Vermeiden Sie:	**Stattdessen:**
• „Du-Botschaften"	• „Ich-Botschaften": *Ich finde, du solltest konzentrierter arbeiten.*
• Verallgemeinerungen / allgemeine Vorwürfe	• Konkrete Hinweise: *Ich finde, du trödelst bei den Schreibarbeiten zu viel herum.*
• Kritik aus „zweiter Hand"	• Eigene Kritik äußern: *Mir missfällt deine Einstellung.*
• Kritik gegen die „ganze Person"	• Beim Problem bleiben: *Mir missfallen deine Arbeitseinstellung und deine Unpünktlichkeit.*
• Machtdemonstrationen	• Auf der gleichen Ebene kommunizieren / Partnerschaft suchen: *Wir schaffen das gemeinsam.*
• Persönliche Kränkungen / Verletzungen und Ironie	

3 *Was geht Ihrer Meinung nach während eines destruktiven Kritikgesprächs in dem Schüler vor? Formulieren Sie mögliche Gedanken zu a) den Ursachen der Kritik, b) dem Umgang mit Kritik, c) den Reaktionsmöglichkeiten auf diese Kritik.*

4 *Formulieren Sie den Dialog zwischen dem Lehrer und dem Schüler (S. 14, Aufgabe 1a) so um, dass daraus ein konstruktives Kritikgespräch wird.*

Kritik äußern, Kritik annehmen

Der Verlauf von „Kritikgesprächen“ hängt zunächst sehr von der Person ab, die eine Kritik vorträgt. Aber auch der Kritisierte kann mit seiner Reaktion den Gesprächsverlauf positiv oder negativ beeinflussen.

Situation 1

Vor der Rückgabe einer Klassenarbeit, die schlecht ausgefallen ist, sagt der Lehrer zu Sven: *„So viel Faulheit ist mir noch nie begegnet! Keine Ahnung, was aus dir noch werden soll.“*

Situation 2

Während der Zugfahrt nach Berlin sollen die Tickets für die U-Bahn verteilt werden. Dazu müssen in der Klasse 5er-Gruppen gebildet werden.

Schülerin A: *„Das will ich nicht. Dann muss ich immer was mit B machen. Das ist schrecklich. Der ist so total ih ...“*

Situation 3

Schüler A, der eine Matheformel nicht verstanden hat, erkundigt sich danach bei Schüler B. Schüler B: *„Du begreifst auch nie etwas. Hast du dein Hirn mal wieder zu Hause vergessen?“*

Situation 4

Sie zu ihm: *„Mann, heute hatte ich mal wieder totalen Stress mit meinen Eltern.“* Er: *„Ja, und ...?“* Sie: *„Dir sind meine Probleme wie immer egal. Total egoistisch finde ich dich. Vielleicht sollten wir gleich Schluss machen.“*

Situation 5

Mutter zum Sohn, der am Wochenende das Auto innen reinigen sollte, es aber nicht tat: *„Du bist ein hoffnungsloser Faulpelz. Nur wenn es ums Geld geht, hörst du mir zu.“*

Die folgenden Aufgaben bearbeiten Sie in Gruppen:

1 ***Klären Sie, wie Sie auf die dargestellten Kommunikationssituationen reagieren würden, wenn Sie dem Grundsatz folgten:*** **„Ich lasse mich nicht beleidigen und beschimpfen. Dann schlage ich sofort zurück.“**

2 ***Diskutieren Sie den voraussichtlichen Verlauf der Gespräche in den fünf Situationen.***

a) Welchen Verlauf werden die Gespräche voraussichtlich nehmen, wenn Sie so reagieren wie in Aufgabe 1 vorgegeben?

b) Entscheiden Sie: Wie sollten Sie reagieren, wenn Sie einen Streit vermeiden, sich aber trotzdem nicht beleidigen und beschimpfen lassen wollen? Diskutieren Sie verschiedene Möglichkeiten. Treffen Sie Ihre Entscheidung mehrheitlich.

3 ***Stellen Sie die fünf Situationen (oben) in einem Rollenspiel nach.***

a) Führen Sie die in der Gruppe besprochenen Reaktionen vor (Aufgabe 2). Berücksichtigen Sie das Zusammenwirken von sprachlichem und nichtsprachlichem Verhalten.

b) Werten Sie die Rollenspiele in der Klasse aus. Notieren Sie Ratschläge für eine positive Gesprächsgestaltung sowohl für die Kritik äußernden als auch für die reagierenden Personen.

Kritikgespräche führen

Gespräche aus dem „Reptiliengehirn"

Haben Sie schon mal eine Katze beobachtet, die durch ein Geräusch erschreckt wird? Sie macht sofort einen Buckel, das Fell sträubt sich. Diese Körperhaltung nimmt die Katze instinktiv ein. Sie symbolisiert Kampf- oder Fluchtsignale.

Ähnlich verhalten sich auch Menschen, wenn sie aus dem „Reptiliengehirn" handeln. Das Verhalten wird dann gesteuert von Ängsten, Ärger, Aggressionen, Hilflosigkeit, sie reagieren mit Kampfsignalen, z. B. mit Drohungen, Beschimpfungen.

Das Reptiliengehirn steht im Gegensatz zum „Vernunftgehirn", das den „modernen" Menschen von den Tieren unterscheidet. Dieser Tatsache entsprechend, sollte der moderne Mensch vernünftig (also überlegt) handeln. Bisweilen reagiert er allerdings auch instinktiv und unüberlegt, was eher dem Verhalten seiner animalischen Vorfahren entspricht. In diesen Fällen reagiert der Mensch aus seinem „Reptiliengehirn".

Wer beschimpft, statt konstruktiv zu kritisieren, verhält sich auch auf der Ebene des „Reptiliengehirns". Der Beschimpfte kann natürlich sprachlich zurückschlagen. Dann begibt auch er sich auf diese Kampfebene. Das Gespräch wird sich zu einem scheinbar endlosen Austausch gegenseitiger Vorwürfe entwickeln, ohne dass eine Problemlösung möglich sein wird, weil ja der Verstand durch das aggressive „Reptiliengehirn" ausgeschaltet ist.

Natürlich kann das ein kommunikatives Ziel sein, z. B. dann, wenn Menschen „sich Luft verschaffen wollen", „Dampf ablassen wollen", aber keine sachliche Konfliktlösung anstreben.

Wenn das nicht Ihr Ziel ist, können Sie sich vor dem Angreifer schützen. Sie handeln selbstbewusst und begeben sich nicht wie der andere auf die Ebene des „Reptiliengehirns". „Nichts kannst du!", „Du bist und bleibst ein Versager!", sagt der Schimpfende, weil er verletzen und zerstören will. Das ist eine deutliche Kampfansage, auf die Sie sich nicht einlassen müssen. Wenn Sie keinen Gesprächskrieg wollen, antworten Sie z. B.: „Ich finde es nicht in Ordnung, dass Sie mich so niedermachen." Ihre Worte drücken dann aus, dass Sie kein Opfer sein wollen, was Sie natürlich auch durch Ihr nichtsprachliches Verhalten unterstreichen müssen: Sie bleiben ruhig und aufrecht und gehen nicht in Kampfposition.

1 *Erschließen Sie sich den Inhalt des Textes. Arbeiten Sie so:*

a) Ein Schüler stellt Fragen zum Text, der andere erläutert den Inhalt des Textes mit eigenen Worten. Wechseln Sie danach die Rollen.
Beispiel: Fragen zum Text: *Wie reagiert eine Katze auf sie erschreckende Geräusche? Wann geben Menschen ähnliche Signale?*

b) Notieren Sie Aussagen, die Sie nicht verstehen. Klären Sie diese im Unterrichtsgespräch.

2 *Setzen Sie sich mit den Aussagen des Textes auseinander.*

a) Schreiben Sie Äußerungen heraus, die als Kampfansage bewertet werden können. Ergänzen Sie selbst ähnliche Beispiele.

b) Überlegen Sie sich sprachliche und nichtsprachliche Reaktionen, mit denen Sie konstruktiv auf die Kampfansagen reagieren können.

c) Stellen Sie Ihre Ergebnisse der Klasse vor.

Testen Sie Ihr Wissen

Test

Nennen Sie die Aussage, die jeweils richtig ist.

1. Die menschliche Kommunikation besteht aus:
   A nonverbalen (nichtsprachlichen) Anteilen
   B verbalen (sprachlichen) Anteilen
   C nonverbalen und verbalen Anteilen
2. Nonverbale Signale müssen:
   A ignoriert werden
   B interpretiert (gedeutet) werden
   C nachgeahmt werden
3. Die Kommunikationsebenen *Darstellung, Ausdruck, Appell* bedeuten:
   A einen Sachverhalt darstellen, ein Empfinden zum Ausdruck bringen, eine Aufforderung formulieren
   B zuhören, ohne Worte sprechen, eine Absicht äußern
   C aus dem „Reptiliengehirn" reagieren
4. In einem konstruktiven Gespräch muss ich:
   A Du-Botschaften verwenden
   B beim zu kritisierenden Problem bleiben
   C ironisch sprechen, um den Gesprächspartner zu verletzen

Zwischenfazit

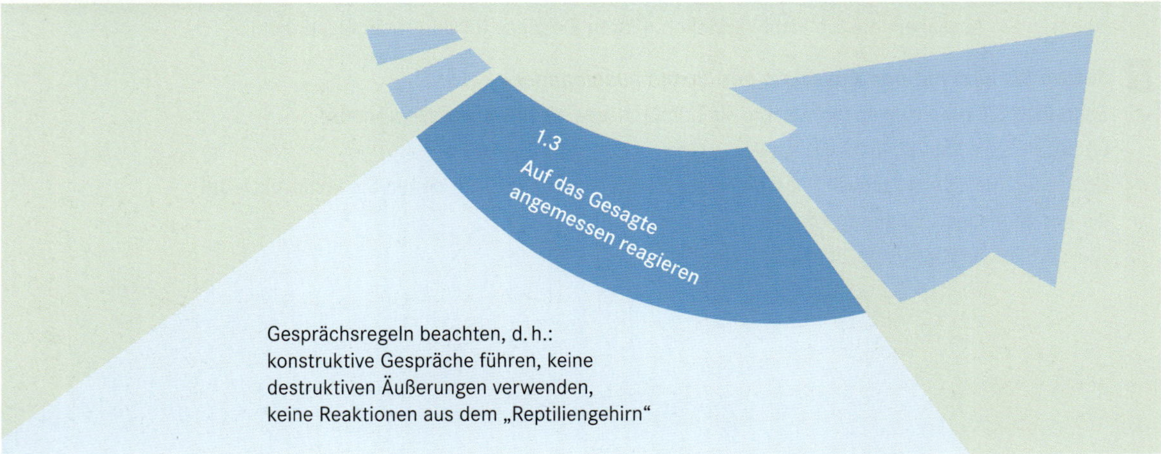

Mit Konflikten umgehen

Konfliktsituationen erkennen und analysieren

Im Alltag erleben wir oft Konflikte. Sie kommen immer dann zustande, wenn unterschiedliche Ziele, Wünsche, Einstellungen oder Handlungen zweier Menschen oder Gruppen aufeinandertreffen wie im folgenden Beispiel.

Situation

Alexander absolviert ein zweiwöchiges Praktikum in einem Frisörsalon. Die Chefin des Salons hat ihn unter die Obhut von Sarah gestellt. Sarah ist Auszubildende im 1. Lehrjahr und die Nichte der Chefin. Schon nach einigen Tagen fällt Alexander auf, dass Sarah ihn absichtlich nur die anspruchslosen Arbeiten wie fegen, putzen und sogar einkaufen verrichten lässt. Sobald sich die Gelegenheit für ihn ergibt, etwas Interessanteres zu machen, fällt Sarah sofort wieder etwas Neues für ihn ein. Wenn keiner der anderen Kollegen anwesend ist, hänselt Sarah ihn sogar. Alexander fühlt sich durch Sarah ungerecht und schlecht behandelt. Er traut sich aber nicht, sich bei der Chefin zu beschweren, da Sarah mit ihr verwandt ist. Nach einigen Überlegungen spricht Alexander Sarah schließlich im Pausenraum an. Doch Sarah ist sich keiner Schuld bewusst und meint, sie habe doch nur Spaß gemacht ...

1 ***Werten Sie die dargestellte Situation aus. Versuchen Sie, sich in die Personen hineinzuversetzen.***

a) Welche Gefühle bewegen Alexander? Welche Einstellung, welche Ziele und Wünsche, welche Erwartungen hat er?

b) Was beabsichtigt Sarah mit ihrem Verhalten?

2 ***Bereiten Sie ein Gespräch zwischen Sarah und Alexander vor, in dem die beiden ihr Verhalten erklären.***

a) Überlegen Sie sich, was Alexander zu Sarah sagen könnte.

b) Formulieren Sie Sätze, die Sarah in diesem Gespräch äußern könnte.

3 ***Spielen Sie das Gespräch in Zweiergruppen vor der Klasse.***

4 ***Beschreiben Sie Ursachen für den Konflikt zwischen Sarah und Alexander.***

5 ***Beschreiben Sie Konfliktsituationen aus Ihrem Leben und versuchen Sie, Ursachen zu finden.***

Basiswissen | **Konfliktsituationen erkennen**

Um einen Konflikt zu verstehen und ihn lösen zu können, ist es wichtig zu erkennen, welche Gründe dafür in Frage kommen. Oft gibt es mehrere Ursachen für einen Konflikt. Mögliche Ursachen können sein:

1. unfaire Behandlung (z. B. aufgrund des Alters, Geschlechts, Aussehens, der sozialen Herkunft usw.)
2. Rollenunterschiede, die sich in hierarchisch gegliederten Institutionen ergeben können („Der Chef hat recht.")
3. unangemessenes Verhalten auf eine Problemsituation (z. B. gleich losschreien)
4. Eindringen in einen persönlichen oder als persönlich empfundenen Bereich (z. B. „Das ist mein Zimmer!")
5. über lange Zeit aufgebaute Spannungen, die zum Ausbruch kommen (z. B. „Jetzt habe ich aber genug!")
6. knappe Ressourcen, die mehrere Parteien benötigen (z. B. Arbeitsmaterialien)

Konfliktverlauf und Ergebnisse

Nach einem Streitgespräch stellt sich oft die Frage: Wer ist der Gewinner und wer der Verlierer? Dabei gibt es mehrere Möglichkeiten.

1 *Die Fotos stellen drei Varianten zum Ende des Streitgespräches zwischen Sarah und Alexander dar. Analysieren Sie die drei Fotos.*

a) Beschreiben Sie die drei dargestellten Situationen. Verwenden Sie dabei ausdrucksstarke Adjektive.

b) Welche Gedanken und Gefühle könnten Sarah und Alexander am Ende des Streits bewegen?

Experten für Streitschlichtung haben Fachwörter für diese drei Situationen: **Win-win-Lösung**, **Lose-lose-Situation** und **Win-lose-Situation**.

2 *Klären Sie die drei Fachbegriffe* Win-win-Lösung, Lose-lose-Situation *und* Win-lose-Situation *mithilfe eines englisch-deutschen Wörterbuches.*

3 *Ordnen Sie die drei Fachwörter der jeweils passenden Situation auf den Fotos zu. Begründen Sie Ihre Zuordnung.*

4 *Schreiben Sie Lexikoneinträge zu den drei Fachwörtern.*

Vermittlung bei Konflikten: Mediation

Sarah und Alexander konnten ihr Problem nicht klären und möchten nun mithilfe eines Streitschlichters eine Lösung finden. Dafür wählen sie ihre Kollegin Frau Timm, die bereits Erfahrung in diesem Bereich hat.

Situation

Frau Timm, Sarah und Alexander treffen sich an einem Morgen zu dritt im Frisörsalon.

Frau Timm: Guten Morgen, Sarah und Alexander. Ich freue mich, dass ihr extra eine halbe Stunde früher aufgestanden seid, um euren Konflikt aus der Welt zu schaffen. Bitte setzt euch. Ich erkläre euch zunächst die Regeln für unser Gespräch: Erst einmal möchte ich klarstellen, dass unser Gespräch vertraulich behandelt wird und ich als unparteiische Gesprächsleiterin darauf achte, dass jeder zu Wort kommt. Ich möchte nicht, dass es zu Beleidigungen oder Beschimpfungen kommt! Und ich möchte, dass ihr dem anderen genau zuhört und ihn aussprechen lasst. Habt ihr so weit alles verstanden?
Sarah: Ja, ich weiß nur nicht, wie das funktionieren soll.
Frau Timm: Ganz wichtig ist, dass es hierbei nicht darum geht, einen Schuldigen zu finden. Es geht auch nicht darum, dass ich eine Lösung für euer Problem finde. Ich bin nur die Vermittlerin zwischen euch. Wichtig ist, dass wir gemeinsam eine für euch beide akzeptable Lösung finden. *(Frau Timm schaut Sarah und Alexander an.)* Wer möchte damit beginnen, das Problem zu schildern?
Alexander: Das möchte ich gerne machen. Also, ...

1 ***Beschreiben Sie die Funktion des Streitschlichters in der dargestellten Situation.***

2 ***Schreiben Sie aus dem Gespräch heraus, welche Regeln und Ziele es für ein solches Streitschlichtungsgespräch gibt.***

3 ***Führen Sie das Streitschlichtungsgespräch zwischen Frau Timm, Sarah und Alexander weiter.***
a) Verteilen Sie die Rollen.
b) Machen Sie sich Notizen zu den sechs möglichen Phasen eines solchen Gesprächs (➪ Basiswissen).
c) Führen Sie ein Streitschlichtungsgespräch mit verteilten Rollen durch.
d) Die Beobachter des Gesprächs machen sich Notizen.
e) Bewerten Sie gemeinsam das Gespräch. Wo war es gelungen, wo weniger? Begründen Sie.

Basiswissen **Mediation**

Die Möglichkeit, einen Streit mithilfe eines Schlichters zu lösen, nennt man Mediation. Dabei geht es um die Suche nach einer Problemlösung, die von allen Beteiligten akzeptiert wird.

Bei der Mediation vermittelt ein neutraler Dritter zwischen den zerstrittenen Parteien. Die Mediatorin/Der Mediator ist Helfer/-in und Vermittler/-in bei der Kommunikation sowie im Verhandlungs- und Einigungsprozess. Sie/Er verfügt jedoch über keine Entscheidungskompetenz und macht auch keine direkten Lösungsvorschläge. Die Lösung muss von den beteiligten Konfliktparteien selbst erarbeitet werden. Man kann nach folgenden Phasen vorgehen:

1. Begrüßung (Vorstellung)
2. Erklären der Regeln
3. Festlegen der Ziele
4. Darstellen der Standpunkte
5. Ermitteln der Gründe
6. Lösungsfindung und Einigung

Das Ergebnis der Mediation wird schriftlich festgehalten.

Strategien beim Umgang mit Konflikten

Im Umgang mit Konflikten helfen bestimmte Strategien, die Situation besser zu bewältigen.

Tania Konnerth: Besser mit Konflikten umgehen

Es ist hilfreich, sich einmal klarzumachen, welche Verhaltensweisen Konflikte eher verstärken und wie wir Auseinandersetzungen eher konstruktiv begegnen können:

Das eigentliche Ziel bei jeder Auseinandersetzung sollte sein, dass Sie sich irgendwie mit der Person arrangieren. Versuchen Sie deshalb, Ihrem Gegenüber zu signalisieren, dass Sie bereit sind, sich auf seine Sichtweise einzulassen.

Versuchen Sie, Ihr Gegenüber zu verstehen. Manchmal ist es viel sinnvoller, sich verständnisvoll und offen für die Beschwerden oder Angriffe zu zeigen, weil man so dem Gegenüber den Wind aus den Segeln nimmt.

Verbeißen Sie sich nicht in die Frage, wer von Ihnen Schuld an dem Konflikt hat. Versuchen Sie vielmehr, gemeinsam herauszufinden, wo die Ursachen für Ihre Auseinandersetzung liegen und wie Sie in Zukunft besser miteinander klarkommen.

Wer wütend ist, ist oft vernünftigen Argumenten nicht zugänglich. Lassen Sie Ihr Gegenüber ruhig ein bisschen wüten. Sehen Sie es als eine Art Gewitter. Und fordern Sie nach diesem Gewitter einen sachlichen Gesprächston, damit Sie gemeinsam weiterkommen.

Selbst stur auf Ihrer Meinung zu bestehen, bringt Sie in Angriffs- oder Konfliktsituationen meist keinen Schritt weiter. Nehmen Sie Ihre eigene Meinung und Ihr persönliches Anliegen ernst, aber beschäftigen Sie sich auch mit der Meinung Ihres Gegenübers, um diese besser zu verstehen.

Wenn Sie unfair angegriffen werden, begeben Sie sich besser nicht auf dasselbe Niveau wie Ihr Gegenüber.

Versuchen Sie, Ihr Gegenüber immer mit Respekt zu behandeln, so schwer es auch fällt.

Kein Konflikt verschwindet einfach, wenn Sie ihn ignorieren. Stellen Sie sich der Auseinandersetzung, denn Sie kommen sowieso nicht darum herum, sich mit der Person auseinanderzusetzen.

Sehr oft könnten wir mit dem kleinen Satz „Oh, das tut mir leid“ viele Spannungen aus einer Konfliktsituation nehmen. Dieser Satz wird aber von vielen als Schuldeingeständnis oder unterwürfige Geste gesehen und deswegen sagen sie es lieber nicht. Aber der kleine Satz „Es tut mir leid“ kann viel auslösen. Er kann nämlich unser verärgertes Gegenüber sanfter stimmen und ihm den Wind aus den Segeln nehmen, besonders, wenn es sich auf Widerstand eingestellt hat.

Es gibt Situationen, in denen es angebracht sein kann, sich zu entschuldigen, auch wenn man selbst keine Schuld hat. Mit einer Entschuldigung besänftigen wir in der Regel den Zorn des anderen und können so eine Atmosphäre für ein faireres Gespräch schaffen.

Viele von uns wollen vielleicht überhaupt keine Gemeinsamkeit mit einer Person aufbauen, die uns gerade angegriffen hat, wir wollen weder Verständnis zeigen noch irgendetwas anderes Gutes tun, geschweige denn uns bei der Person bedanken. Wir fühlen uns – sicher nicht zu Unrecht – schlecht behandelt und erwarten eher von dem anderen, dass er sich bei uns entschuldigt. Dann aber suchen Sie vielleicht den Konflikt und die Auseinandersetzung mit Menschen. Das ist natürlich Ihre Entscheidung. Für alle anderen aber ist es vielleicht einfach mal einen Versuch wert, den einen oder anderen Tipp auszuprobieren.

(Auszug, gekürzt)

1 ***Schreiben Sie alle Strategien heraus, die Tania Konnerth für den Umgang mit Konflikten benennt.***

2 ***Notieren Sie Konfliktsituationen und überlegen Sie, welche Strategien beim Umgang mit Konflikten Sie anwenden könnten.***

z. B.: *Streit mit den Eltern wegen hoher Telefonrechnung → sich auf die Sichtweise des anderen einlassen*

Übungen zur Konfliktvermeidung und Konfliktschlichtung

Konflikte können vermieden werden. Die folgenden Übungen können Ihnen helfen, andere besser zu verstehen und einen Konflikt zu lösen. Arbeiten Sie mit einer Partnerin/einem Partner.

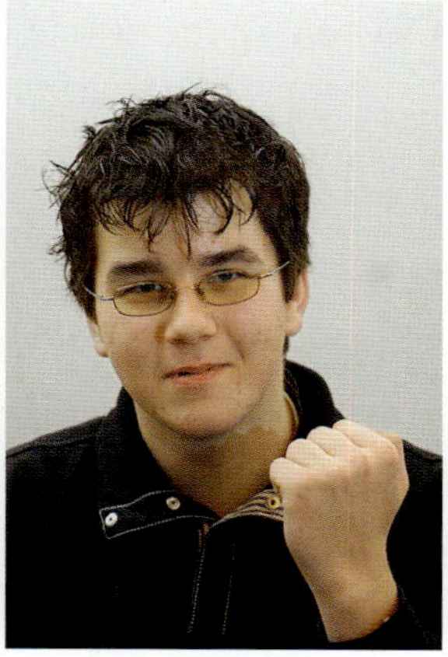

1 *Was fühlen die Personen auf den Fotos Ihrer Meinung nach? Begründen Sie.*

2 *Drücken Sie abwechselnd mit Ihrer Mimik und Gestik die Gefühle aus, die folgende Adjektive beschreiben. Ihre Partnerin/Ihr Partner versucht, das jeweilige Adjektiv zuzuordnen.*
hasserfüllt – verschämt – verzweifelt – angeekelt – enttäuscht – misstrauisch – siegessicher – fröhlich

3 *Versuchen Sie, am Tonfall Gefühle wahrzunehmen.*

a) Sprechen Sie den folgenden Satz abwechselnd wütend, unsicher, bewundernd, überrascht, vorwurfsvoll: „So habe ich dich noch nie erlebt."

b) Finden Sie weitere Sätze, die je nach Tonfall unterschiedliche Gefühle ausdrücken.

4 *Üben Sie genaues Zuhören.*

a) Erzählen Sie Ihrer Partnerin/Ihrem Partner von einem besonderen Erlebnis.

b) Sie oder er wiederholt möglichst genau, was Sie gesagt haben. Kontrollieren Sie dabei, ob sie oder er alles vollständig und richtig wiedergibt.

Wichtig ist es, Streitgespräche möglichst konstruktiv zu führen (➪ S. 15). Vermeiden Sie deswegen unsachliche Äußerungen (wie z. B. „Killerphrasen") bzw. seien Sie auf unsachliche Äußerungen vorbereitet.

5 *Finden Sie Möglichkeiten, auf Killerphrasen zu reagieren.*

a) Beschreiben Sie, welche Wirkung die folgenden Killerphrasen in einem Streitgespräch haben können.

„Wie doch jeder weiß ..."	„Das bringt doch nichts."
„Typisch Mann/Frau/blond ...!"	„Das geht mich nichts an."
„Das können wir später noch besprechen."	„Du bist zu jung."
„Meine Güte, bist du immer so empfindlich?"	„Das haben wir schon immer so gemacht."

b) Wie könnten Sie auf diese Killerphrasen reagieren? Überlegen Sie sich Antworten.
Beispiel: *Gegenfrage stellen, z. B.: Was ist an dieser Frage banal?*

c) Gestalten Sie mit Ihrer Partnerin/Ihrem Partner kurze Gespräche zu einem strittigen Thema Ihrer Wahl, in die Sie Killerphrasen und mögliche Antworten einbauen.

Selbsttest: Was für ein Konflikttyp bin ich?

Test

Stellen Sie fest, was für ein Konflikttyp (A, B, C, D oder E) Sie sind.
Notieren Sie die Buchstaben der Aussagen, mit denen Sie eher übereinstimmen (Lösung ➪ S. 148).

1) Weil meine Freundin/mein Freund und ich oft streiten, überlege ich, Schluss zu machen.	A
2) Ich kann gut akzeptieren, dass andere eine andere Meinung haben als ich.	E
3) Nach einem Streit mit meiner Freundin/meinem Freund brauche ich Distanz.	C
4) Zuweilen habe ich richtig Bauchschmerzen, so groß ist meine Wut.	B
5) Manchmal muss ich einfach auf Distanz zu meinen Freunden gehen.	C
6) Wenn sich andere streiten, berührt mich dies kaum.	D
7) Manchmal gehen die Emotionen bei mir durch.	B
8) Ich bemühe mich, bei Gesprächen über meine Gefühle zu reden.	E
9) In Gesprächen bin ich oft sehr rational; Gefühle haben bei mir wenig Platz.	D
10) Meine Freundin/Mein Freund und ich reden nach einem Streit oft tagelang nicht miteinander.	B
11) Manchmal bin ich richtig wütend über meine Freundin/meinen Freund.	A
12) Nach einem Streit bin ich innerlich noch tagelang wütend.	C
13) Nach einem Konflikt bin ich bestrebt, mit meiner Freundin/meinem Freund Klärung herzustellen.	E
14) Nach einem Streit tue ich so, als ob nichts gewesen wäre.	D
15) Ich ärgere mich oft über meine Lehrerin/meinen Lehrer.	A

Fazit

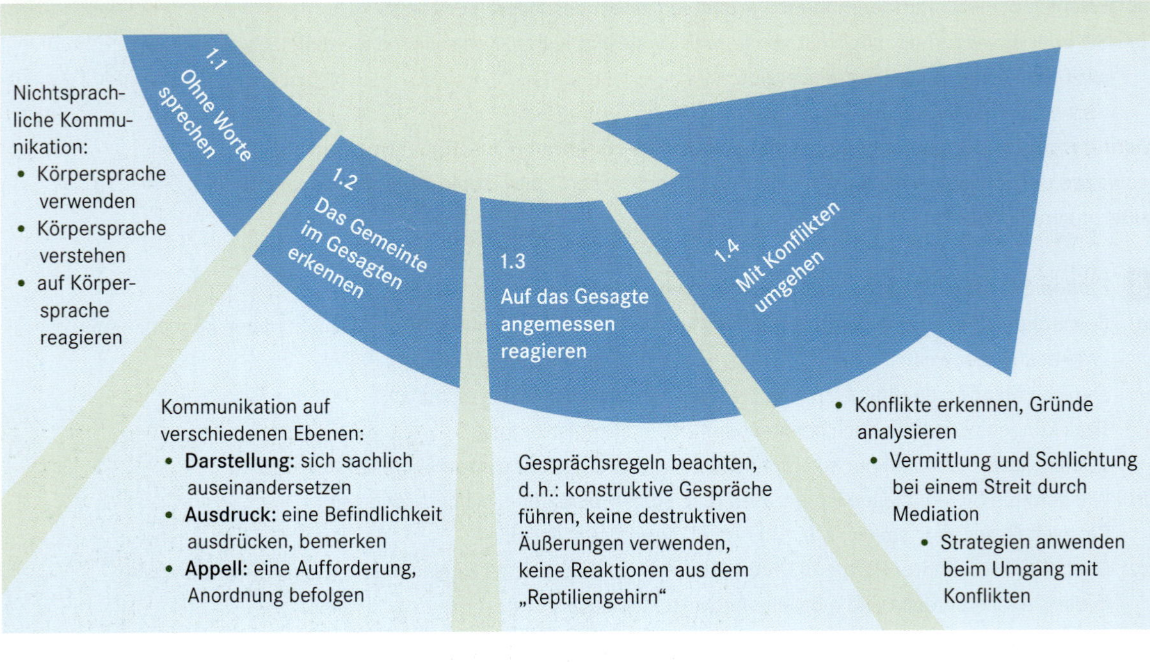

Kapitel 2

Rechtschreibung, Zeichensetzung und Grammatik

2.1 In Alltag und Beruf richtig schreiben	2.2 Ein Wörterbuch benutzen	2.3 Fehlerquelle: Zeichensetzung	2.4 Fehlerquelle: Rechtschreibung	2.5 Fehlerquelle: Grammatik

Mit Fehlern in Ihrem Bewerbungsschreiben scheitern Sie schon früh bei der Suche nach einem Ausbildungsplatz. Fehler in Klausuren und Prüfungsarbeiten verschlechtern Ihre Note.

Dieses Kapitel bietet Ihnen die Möglichkeit, fehlerträchtige Bereiche der Rechtschreibung, Zeichensetzung und Grammatik zu trainieren. Das Übungsmaterial zu den jeweiligen Fehlerschwerpunkten ist so aufgebaut, dass Sie es im Klassenverband oder auch allein im Selbststudium bearbeiten können.

Wie ich richtiges Schreiben üben kann

- ✔ Meine Fehler in Tests und Klausuren sorgfältig berichtigen und auswerten
- ✔ Häufig vorkommende Fehler notieren und die richtigen Schreibungen üben
- ✔ Schwierige Wörter in einem Wörterbuch nachschlagen
- ✔ Die letzten Tests und Klausuren vergleichen und prüfen, ob ich mehr oder weniger Fehler gemacht habe

Im Alltag und im Beruf richtig schreiben

Sprachliche Regeln und Normen unterstützen eine erfolgreiche Kommunikation in Alltag und Beruf. Die folgenden Situationen zeigen dagegen, wie eine mangelhafte Beherrschung von Regeln und Normen zu Missverständnissen führen kann.

Situation A

Situation B

Situation C

1 ***Überlegen Sie, welchen Sinn die Festschreibung sprachlicher Normen für die Kommunikation in der Gesellschaft hat.***

a) Betrachten Sie die Situationen A, B und C. Benennen Sie jeweils den Grund für das Missverständnis.

b) Notieren Sie Argumente, die für eine Festschreibung sprachlicher Normen sprechen.

2 ***In welchen Bereichen Ihres Lebens spielen Rechtschreibung, Zeichensetzung und Grammatik eine Rolle?***

a) Überlegen Sie, wann von Ihnen in der Schule verlangt wird, sprachliche Normen zu beherrschen.

b) Suchen Sie nach Situationen im Alltag und Berufsleben, in denen die Nichtbeachtung sprachlicher Normen zu Problemen führen kann.

3 ***Benennen Sie Ihre Fehlerschwerpunkte.***

a) Schauen Sie sich Ihre Fehler in den letzten Klausuren an. Befragen Sie auch Ihre Lehrerin oder Ihren Lehrer nach Ihren Fehlerschwerpunkten.

b) Berichtigen Sie Ihre Fehler sorgfältig. Halten Sie die Fehlerschwerpunkte mit Berichtigung auf Karteikarten fest.

Tipp

Arbeiten Sie mit Ihren Karteikarten (Fehlerschwerpunkte), besonders vor Klausuren. Üben Sie die richtigen Schreibungen.

Ein Wörterbuch benutzen

Die Bestandteile eines Wörterbuches

Ein orthografisches Wörterbuch kann ein nützliches Hilfsmittel während einer Prüfung, aber auch in Alltagssituationen sein.

1 *Überlegen Sie, wann Sie ein Wörterbuch benutzen und wie Sie damit umgehen.*

a) Bei welchen sprachlichen Problemen nehmen Sie ein Wörterbuch zu Hilfe?

b) Wie gehen Sie bei der Problemlösung vor?

fun|die|ren [lat.] *tr. 3* **1.** begründen, untermauern **2.** mit den nötigen Mitteln ausstatten, sichern; fundiertes Wissen: sicher begründetes Wissen; fundiertes Einkommen: regelmäßiges Einkommen aus Vermögen; fundierte Schuld: langfristige Schuld
fün|dig *Bgb.:* (beim Aufsuchen von Lagerstätten) erfolgreich
Fund|ort *m. 1*
Fund|rai|sing [fʌndreɪzɪŋ, engl.] *n. 9* Sammeln von Geldspenden für wohltätige Zwecke
Fund|sa|che *f. 11*
Fund|stel|le *f. 11*
Fund|un|ter|schla|gung *f. 10*
Fun|dus [lat.] *m. Gen.* - *Pl.* - **1.** Bestand, Vorrat **2.** Grundlage, Grundstock
fu|ne|bre *auch:* **fu|neb|re** [fyne:brə, frz.] *Mus.:* traurig, düster
fünf; die fünf Sinne; wir sind zu fünft *oder:* zu fünfen; vgl. acht
Fünf *f. 10* **1.** die Zahl 5; vgl. Eins **2.** Schulnote 5; eine Fünf in Mathematik schreiben **3.** Straßenbahn Linie 5; *Ableitungen und Zus.* vgl. Acht

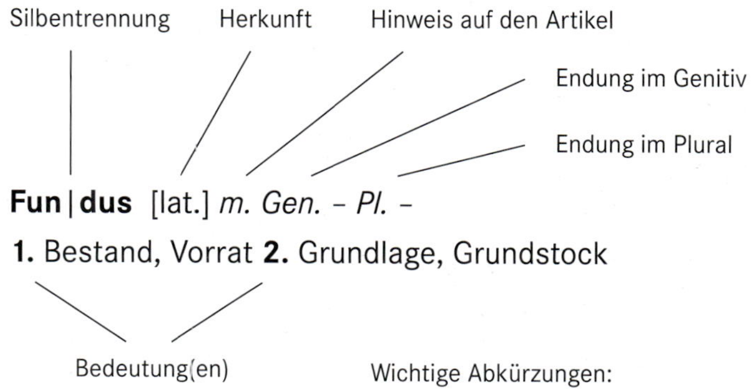

Wichtige Abkürzungen:
f.: Femininum (die)
m.: Maskulinum (der)
n.: Neutrum (das)

2 *Welche Informationen erhalten Sie zu dem Stichwort „Fundus“:*

a) Welchen Artikel hat das Wort?

b) Welche Herkunft hat das Wort?

c) Welche Endung hat das Wort, wenn es im Genitiv (2. Fall) gebraucht wird?

Einige Informationen lassen sich erst erschließen, wenn Sie weitere Teile Ihres Wörterbuches benutzen. Es ist also wichtig, den Aufbau des Wörterbuches zu kennen.

3 *Nehmen Sie Ihr Wörterbuch zur Hand. Informieren Sie sich über den Aufbau und die Möglichkeiten der Benutzung.*

a) Schauen Sie im Inhaltsverzeichnis nach, welche Kapitel Ihr Wörterbuch enthält.

b) Schlagen Sie im Abkürzungsverzeichnis alle Abkürzungen nach, die Sie in dem Wörterbuchauszug oben nicht kennen. Notieren Sie, aus welchem Lebensbereich das Wort *fündig* stammt.

c) Finden Sie heraus, wo und was Sie über die verschiedenen Formen (z. B. Tempus, Modus) des Verbs *springen* erfahren können. Notieren Sie den Imperativ (Befehlsform).

Aufgaben eines Einstellungstests lösen

1 *Führen Sie den Selbsttest durch.*

a) Bearbeiten Sie die Aufgaben ohne Hilfsmittel innerhalb von 15 Minuten.

b) Kontrollieren Sie in Partnerarbeit Ihre Ergebnisse. Nehmen Sie ein Wörterbuch zu Hilfe und verbessern Sie Ihre Fehler.

c) Besprechen Sie in der Klasse die Lösungen. Geben Sie an, wie und wo Sie die Lösungen im Wörterbuch gefunden haben. Erläutern Sie Unklarheiten.

Aufgaben aus dem Bereich Sprache

1 Rechtschreibung: Wörter richtig schreiben

Finden Sie jeweils die richtige Schreibweise der folgenden fünf Wörter heraus.
Halten Sie die korrekte Schreibweise auf einem extra Blatt fest.

a) Rhetorik	b) Parallelgeselschaft	c) Fussballspiel	d) programieren	e) acquirieren
Rethorik	Paralellgesellschaft	Fußballspiel	programiren	akquirieren
Rhethorik	Parallelgesellschaft	Fussbalspiel	programmieren	akquiriren

2 Silbentrennung: Wörter richtig trennen

Zerlegen Sie die folgenden vier Wörter in Silben. Verdeutlichen Sie dabei die einzelnen Wortsilben der Wörter auf Ihrem Blatt durch Bindestriche.

Beispiel: *Regenschirmhülle – Re-gen-schirm-hül-le*

a) Reifungsprozess
b) Artenschutzabkommen
c) Diskussionsbeitrag
d) Innenarchitektur

3 Grammatik: Den richtigen Artikel finden

Finden Sie den richtigen Artikel für die folgenden vier Wörter. Notieren Sie diesen und das Wort auf Ihrem Blatt.

a) der Streichholz / das Streichholz
b) der Konfekt / das Konfekt
c) der Pfeffer / das Pfeffer
d) der Kaugummi / das Kaugummi

4 Grammatik: Den Plural bei Fremdwörtern finden

Bilden Sie den Plural der zwei Fremdwörter. Notieren Sie ihn auf Ihrem Blatt.

a) Lexikon b) Atlas

5 Sprachgefühl: Die Herkunft von Fremdwörtern ermitteln

Ordnen Sie die sprachliche Herkunft der vier unten stehenden Wörter einer der vier folgenden Sprachen zu: Englisch, Französisch, Latein oder Griechisch. Notieren Sie Ihre Zuordnung auf Ihrem Blatt.

a) Monteur b) Demonstrant

c) Keyboard d) autonom

Fehlerquelle: Zeichensetzung

Das Komma bei Aufzählungen

Basiswissen | **Das Komma bei Aufzählungen**

Aufzählungen können vorkommen in Form von *Wörtern, Wortgruppen* und *Sätzen*, die man z. B. durch *und, oder* oder *sowie* verbinden kann.

Beispiele: *Er kaufte Äpfel und Birnen oder rote und gelbe und grüne Paprikaschoten.*

Sie ärgerte sich über ihren Mann und über die Kinder und über die Nachbarn.

Sie sprach mit ihrem Mann und diskutierte mit den Nachbarn und überzeugte die Kinder.

Die Teile einer Aufzählung, die nicht durch *und, oder, beziehungsweise (bzw.), entweder – oder, nicht – noch, sowohl – als auch, sowohl – wie, weder – noch* verbunden sind, werden durch Kommas voneinander abgetrennt:

Beispiele: *Er kaufte **entweder** Äpfel und Birnen **oder** rote, gelbe **und** grüne Paprikaschoten.*

*Sie ärgerte sich über ihren Mann, über die Kinder **und** über die Nachbarn.*

*Sie sprach mit ihrem Mann, diskutierte mit den Nachbarn **und** überzeugte die Kinder.*

Bei längeren Satzreihen (zwei oder mehrere miteinander verbundene Hauptsätze) kann man vor *und* auch ein Komma setzen, um die Gliederung des Satzes zu verdeutlichen:

Beispiel: *Das Licht ging aus(,) **und** der Vorhang ging auf(,) **und** das Theaterstück begann.*

Achtung, Fehler: In dem folgenden Auszug aus einer Berufsbeschreibung fehlen die Kommas.

Gebäudereiniger/-innen bereiten ihre Arbeit mit Hilfe eines Arbeitsplans vor. Sie wählen zunächst die benötigten Maschinen Geräte und chemischen Mittel aus. Außerdem beurteilen sie die zu bearbeitenden Flächen legen das Reinigungsverfahren fest und reinigen Gebäudeinnen- und -außenflächen sowie die Gebäudeumgebung. Ihre Arbeit umfasst Kehren Feucht- und Nasswischen Saugen Entflecken und Entfetten. Oberflächen behandeln sie durch Schleifen und Imprägnieren. Beschäftigung finden Gebäudereiniger/-innen vor allem in Gebäudereinigungsunternehmen im Fachhandel oder bei Servicebetrieben. Das können Betriebe der Unterhaltsreinigung (z. B. von Büro- und Verwaltungsgebäuden Schulen Kindergärten Praxen) der Krankenhausreinigung der Fassaden- Teppich- oder Glasreinigung sein Gebäudereiniger/-innen arbeiten beim Kunden in Büro- Schulungs- Praxisräumen Wohnungen Werkstätten oder Fabrikhallen aber auch im Freien.

1 ***Diktieren Sie sich den Text als Partnerdiktat. Die/Der Schreibende setzt die fehlenden Kommas. Kontrollieren Sie anschließend gemeinsam die Kommasetzung.***

2 ***Verfassen Sie ein Informationsblatt über Ihren Wunschberuf.***

a) Schreiben Sie einen Text, ohne Ihren Wunschberuf zu erwähnen. Reihen Sie Merkmale aneinander. Setzen Sie Kommas oder verknüpfen Sie die Merkmale durch Wörter wie: *und, oder, sowie …*

b) Übertragen Sie den Text anschließend auf eine Folie. Schreiben Sie „Informationsblatt" und „Gesucht: _________" darüber.

c) Präsentieren Sie die Folie Ihren Mitschülerinnen und Mitschülern. Lassen Sie sie Ihren Wunschberuf erraten. Kontrollieren Sie gemeinsam die Kommasetzung.

Tipp

Informationen über das Tätigkeitsfeld erhalten Sie z. B. in „Beruf aktuell" der Bundesagentur für Arbeit.

Das Komma zwischen Haupt- und Nebensätzen

Basiswissen | **Das Komma zwischen Haupt- und Nebensätzen**

Haupt- und Nebensatz trennt man durch ein Komma ab. Ist ein Nebensatz in einen Hauptsatz eingeschoben, so trennt man den Nebensatz durch zwei Kommas vom Hauptsatz ab.

Nebensätze **beginnen meist mit einem Einleitewort** (Konjunktion) wie z. B. ***als, dass, weil, wenn, nachdem, indem, obwohl, sodass*** und sie enden mit einer finiten (gebeugten) Verbform.

Beispiele: *Ich setze mich auf die Parkbank,* ***weil*** *die Sonne scheint.* (HS + NS)

Weil *die Sonne scheint, sitzen viele Menschen im Park.* (NS + HS)

Ich gehe heute Nachmittag, ***wenn*** *die Sonne scheint, mit Henry in den Park.* (HS + NS + HS)

Auch Nebensätze, die sich auf ein vorangehendes Nomen beziehen und mit ***der, die, das, den, dem, denen*** oder ***welche, welcher, welches*** eingeleitet werden, werden durch Komma vom Hauptsatz abgetrennt. Diese Sätze heißen Relativsätze.

Beispiel: *Der neue Lehrling,* ***den*** *Herr Meier eingestellt hat, ist äußerst geschickt.* (HS + NS + HS)

Liebe Nathalie,

vielen Dank für deine Mail. Ich habe mich sehr gefreut, dass du sofort geantwortet hast. Ich schreibe erst heute, weil ich zum Betriebspraktikum in einem Friseursalon war. Es hat viel Spaß gemacht, obwohl es ziemlich anstrengend war. Die Kollegin, die mich betreute, ließ mich sogar die Haare der Kunden waschen. Ich durfte ihr dann auch bei den Färbungen und sogar bei einer Haarverlängerung helfen. Ich habe dir noch ein Foto, das ein Kollege von mir aufgenommen hat, angehängt.

Viele liebe Grüße von Anna

1 ***Finden Sie heraus, wo Haupt- und Nebensatz durch Komma abgetrennt werden.***

a) Diktieren Sie sich die E-Mail als Partnerdiktat.

b) Unterstreichen Sie in den Nebensätzen das Einleitewort und das finite (gebeugte) Verb am Ende.

c) Kontrollieren Sie, ob Sie alle Kommas richtig gesetzt haben.

Achtung, Fehler: In dem folgenden Text fehlen die Kommas.

Der Backstein der aus dem ersten Stock herunterfiel traf den Arbeiter. Der Arbeiter lag auf dem Boden und bewegte sich nicht mehr. Dieser Fall zeigt dass das Tragen von Schutzkleidung im Berufsleben notwendig ist. Pedro S. musste mit 23 Jahren sterben weil er keinen Schutzhelm trug. Auf der Baustelle bestand Helmpflicht weil es vorkommt dass Steine herabfallen. Man kann dann der tödlichen Gefahr kaum entkommen wenn man keinen Helm trägt.

2 ***Schreiben Sie den Text ab und ergänzen Sie die fehlenden Kommas. Begründen Sie die gesetzten Kommas.***

Das Komma beim Infinitiv mit „zu“

Basiswissen | **Das Komma beim Infinitiv mit *zu***

Das Komma bei Infinitivgruppen mit *zu* ist in den folgenden Fällen obligatorisch (es muss gesetzt werden):

1. Die Infinitivgruppe ist mit *um, ohne, statt, anstatt, außer* oder *als* eingeleitet.

   Beispiel: *Sie beeilte sich,* ***um*** *den Bus zu erreichen.*

2. Die Infinitivgruppe hängt von einem Nomen ab.

   Beispiel: *Er hatte den* ***Auftrag****, die Post zu sortieren.*

3. Die Infinitivgruppe wird durch ein hinweisendes Fürwort wie z. B. *daran, damit* oder *es* angekündigt oder wiederaufgenommen.

   Beispiel: *Er hatte keinen Spaß* ***daran****, Elektroleitungen zu verlegen.*

Der einfache Infinitiv mit *zu* muss nur im ersten Fall mit Komma abgetrennt werden, d. h., wenn er mit *um, ohne, statt, anstatt, außer* oder *als* eingeleitet ist.

Beispiel: ***Statt*** *zu arbeiten, träumte sie von ihrem letzten Urlaub.*

In anderen Fällen ist die Kommasetzung bei einfachen Infinitiven mit *zu* und Infinitivgruppen mit *zu* fakultativ (sie ist freigestellt). Oft dienen Kommas aber zur besseren Gliederung von Sätzen oder zur Vermeidung von Missverständnissen.

Tipp

Wer das Komma bei Infinitivgruppen und einfachen Infinitiven mit „zu“ grundsätzlich setzt, kann nichts falsch machen.

Achtung, Fehler: In der folgenden Berufsbeschreibung fehlen die Kommas.

Der Beruf des Krankenpflegers stellt hohe Anforderungen. Nicht immer ist es einfach Kranke zu versorgen. Als Krankenpfleger muss man über medizinische Kenntnisse verfügen und gut mit Menschen umgehen können. Dabei ist es für Pflegekräfte eine besondere Herausforderung den Kranken die Angst vor medizinischen Behandlungen zu nehmen. Dieser Beruf fordert großes Engagement. Krankenpfleger müssen jederzeit bereit sein in die Klinik zu kommen. Sie müssen dabei eigene Interessen zurückstellen um anderen zu helfen. Und sie müssen auch immer daran denken den Patienten ihre volle Aufmerksamkeit zu widmen. Der Beruf des Krankenpflegers ist also nicht für jeden geeignet. Interessenten wird geraten im Voraus ein Praktikum in einer Klinik zu absolvieren.

1 ***Bearbeiten Sie den Fehlertext.***

a) Übernehmen Sie den Text in Ihr Heft und ergänzen Sie die fehlenden Kommas. Setzen Sie dabei fakultative Kommas in Klammern.

b) Welche Kommas sind obligatorisch? Notieren Sie über diesen Kommas die Nummer der Regel (1, 2 oder 3) aus dem Basiswissen.

2 ***Üben Sie die Kommasetzung beim Infinitiv mit „zu“.***

a) Schreiben Sie zehn Sätze auf, in denen Infinitive oder Infinitivgruppen mit zu vorkommen, ohne die Kommas zu setzen.

b) Tauschen Sie Ihre Sätze mit einer Partnerin oder einem Partner aus. Setzen Sie die fehlenden Kommas.

c) Kontrollieren und begründen Sie gemeinsam die gesetzten Kommas.

Fehlerquelle: Rechtschreibung

Nomen, Eigennamen und Satzanfänge

Basiswissen | **Nomen, Eigennamen und Satzanfänge**

Nomen, Eigennamen und Satzanfänge werden großgeschrieben.

Beispiel: *Heute geht* ***Peter*** *in die* ***Stadt****.* ***Er*** *will* ***Kopfhörer*** *kaufen.*

(Eigenname) (Nomen) (Satzanfang) (Nomen)

Achtung, Fehler: In dem folgenden Text sind alle Wörter kleingeschrieben.

machen handys süchtig?

london – das leben ohne handy ist für immer mehr menschen offenbar eine beängstigende vorstellung. wie eine am mittwoch in london veröffentlichte studie im auftrag des telekommunikationsunternehmens virgin mobile ergab, fühlte sich die überwiegende mehrheit der befragten schon bei kurzer trennung vom mobiltelefon unter stress gesetzt. 90 prozent gaben an, mindestens einmal pro stunde ihr handy zu benutzen. vier von fünf befragten fühlten sich unwohl, wenn ihr telefon für längere zeit nicht in reichweite war. 84 prozent gaben an, ihr handy nie aus den augen zu lassen. „die menschen betrachten ihr mobiltelefon als menschliches wesen; es symbolisiert für sie kontakt, freundschaft und aufmerksamkeit“, kommentierte der suchtexperte david nott aus southampton das ergebnis der studie, für die rund 2000 handynutzer befragt wurden.

(AFP)

1 ***Welche Wörter sind Nomen oder Eigennamen?***

a) Einige Nomen wurden markiert. Überlegen Sie, welche Merkmale von Nomen diese Wörter haben.

b) Die einfachste Probe, ob ein Wort ein Nomen ist, ist die Artikelprobe. Finden Sie alle Wörter, die einen Artikel haben oder haben können. Achtung, der Artikel muss nicht oder nicht unmittelbar vor dem Nomen stehen.

c) Welche Wörter im Text erkennen Sie als Eigennamen? Wo befinden sich Satzanfänge?

d) Schreiben Sie den Text in richtiger Groß- und Kleinschreibung in Ihr Heft.

Zu dem Zeitungsartikel oben hat eine Schülerin einen Leserbrief geschrieben.
Achtung, Fehler: Außer am Satzanfang sind alle Wörter kleingeschrieben.

Was spricht eigentlich gegen handys?

Aus dem artikel lese ich den vorwurf, dass handybenutzer total abhängig sind. Aber mal ehrlich, ist es nicht toll, was man damit so alles machen kann? Nicht nur gespräche sind fast überall möglich. Mein handy kann zum beispiel auch wecker, fotoapparat, kalender, computer, telefonbuch sein, man kann nachrichten oder briefe schreiben und lesen. Ich brauche es einfach immer. Was ist daran schlecht?

2 ***Schreiben Sie alle Wörter heraus, die großgeschrieben werden müssen.***

3 ***Verfassen Sie selbst einen Leserbrief zu dem Artikel „Machen Handys süchtig?“***

a) Gehen Sie auf Ihr Handynutzerverhalten ein und äußern Sie sich zu dem Leserbrief oben.

b) Achten Sie auf die Großschreibung von Nomen, Eigennamen und Satzanfängen.

Das Anredepronomen „Sie“

Basiswissen | **Anredepronomen**

Das Anredepronomen *Sie* und das dazugehörige Possessivpronomen *Ihr* sowie die davon abgeleiteten flektierten Formen schreibt man groß.

Beispiel: *Nehmen **Sie** bitte **Ihren** Fuß von meiner Tasche.*

Achtung, nur Anredepronomen schreibt man groß.
Personalpronomen und davon abgeleitete Possessivpronomen schreibt man klein.

Beispiel: *Jannis sah **sie** zu **ihrem** Auto gehen.*

Sehr geehrte Frau Bisalsky,

hiermit bestätigen wir (1) den Eingang _hrer Schreiben vom 14.05.06 und 16.06.06 und möchten uns (2) für die späte Beantwortung _hrer Reklamation entschuldigen. Leider hat die Überbelastung unserer Schreibkräfte (3) die Bearbeitung _hres Anliegens verzögert.

Dass wir die beschädigten Fliesen im Bad und die zwei Fliesen mit Farbabweichungen in der Küche umgehend austauschen werden, ist selbstverständlich. Wir bedauern die Mängel aufrichtig und (4) wir bitten _ie vielmals um Entschuldigung dafür sowie (5) für die _hnen dadurch entstandenen Unannehmlichkeiten. Denn zufriedene Kunden sind uns wichtig. (6) Wir bitten _ie deshalb, uns umgehend mitzuteilen, wann einer unserer Mitarbeiter (7) bei _hnen vorbeikommen kann. (8) Er oder _ie wird sich bemühen, die Mängel zügig zu beseitigen. (9) Das versprechen wir _hnen.

(10) Wir müssen _hnen leider mitteilen, dass wir den defekten Wasserhahn in der Küche und die Delle in der Spüle nicht reparieren. Unsere Firma ist dafür nicht verantwortlich, (11) _ie hat die Spüle samt Wasserhahn nicht eingebaut. (12) Hierfür müssten _ie sich an die Firma wenden, (13) die diese Arbeiten bei _hnen ausgeführt hat (14) und _hren eigenen Kundenservice schicken wird.

(15) Wir entschuldigen uns nochmals bei _hnen für die Mängel und (16) die _hnen daraus entstandenen Unannehmlichkeiten sowie für (17) die zögerliche Bearbeitung _hres Anliegens. Wir hoffen, die Mängel (18) zu _hrer vollsten Zufriedenheit beseitigen zu können, und würden uns freuen, (19) _ie weiterhin zum Kreis unserer Kunden zählen zu dürfen.

Mit freundlichem Gruß

Gerlinde Weskamp

1 ***Schreiben Sie die hervorgehobenen Wortgruppen ab.***
Setzen Sie die Pronomen in der richtigen Groß- und Kleinschreibung ein.

2 ***Wählen Sie eine Aufgabe aus. Nutzen Sie die Wortgruppen aus Aufgabe 1.***

a) Verfassen Sie nach obigem Muster einen Geschäftsbrief zu folgender Situation: Sie sind Mitarbeiterin oder Mitarbeiter eines Versandhauses und haben einem Kunden versehentlich falsche oder defekte Ware geliefert. Dann haben Sie vergessen, auf seine Reklamation zu reagieren.

b) Verfassen Sie einen schriftlichen Antrag auf Freistellung vom Unterricht. Verwenden Sie darin mehrmals Anredepronomen in der richtigen Schreibung.

c) Beachten Sie beim Verfassen der Briefe die geltende DIN 5008.

Nominalisierte Verben und Adjektive

Basiswissen | **Nominalisierte Verben und Adjektive**

Nur Nomen werden normalerweise großgeschrieben (➪ S. 32), andere Wortarten nicht. Andere Wortarten können aber als Nomen gebraucht werden. Das nennt man Nominalisierung, die nominalisierten Wörter werden großgeschrieben. Verben und Adjektive werden besonders häufig nominalisiert.

Beispiele: *Beim Parken rammte er ein anderes Auto.* (Nominalisierung des Verbs *parken*)

Das ist das Schlimme an der Sache. (Nominalisierung des Adjektivs *schlimm*)

Nominalisierte Wörter lassen sich oft an einem der folgenden Merkmale erkennen:

a) an einem dazugehörigen Artikel (*der, die, das, ein, eine*)

Beispiele: ***Das*** *Öffnen der Verpackung ist einfach.* (Artikel + nominalisiertes Verb)

Das *Gescheiteste ist, ihn in Ruhe zu lassen.* (Artikel + nominalisiertes Adjektiv)

b) an einem mit einer Präposition verschmolzenen Artikel, zum Beispiel *am* (*an + dem*), *beim* (*bei + dem*), *zum* (*zu + dem*), *im* (*in + dem*), *ins* (*in + das*)

Beispiele: ***Beim*** *Turnen verletzte er sich.* (Präposition + Artikel + nominalisiertes Verb)

Am Samstag fahren wir ***ins*** *Grüne.* (Präposition + Artikel + nominalisiertes Adjektiv)

c) an dazugehörigen Pronomen, vor allem Possessivpronomen (z. B. *mein, dein, sein*) und Indefinitpronomen* (z. B. *alles, allerlei, etwas, viel, genug, nichts, wenig*)

Beispiele: ***Sein*** *Fluchen half nichts.* (Possessivpronomen + nominalisiertes Verb)

Es gab ***nichts*** *Neues.* (Indefinitpronomen + nominalisiertes Adjektiv)

Achtung, manchmal sind diese Hinweiswörter nur in Teilen vorhanden oder fehlen ganz. Großgeschrieben wird trotzdem.

Beispiele: *Laufen und Schwimmen machen Spaß.*

Das *Laufen und* ***das*** *Schwimmen machen Spaß.*

Achtung, oft stehen zwischen Hinweiswort und nominalisiertem Wort weitere Wörter. Großgeschrieben wird trotzdem.

Beispiel: ***Das*** *lange Warten macht sie ungeduldig.*

* unbestimmtes Zahlwort

Bedienungsanleitung Ihres SUPER-TICK-TICK-Reisequarzweckers

Wir freuen uns, dass Sie sich (1) zum (K/k)auf des SUPER-TICK-TICK-Reisequarzweckers entschieden haben, und (2) wir (W/w)ünschen Ihnen mit Ihrem neuen Wecker (3) frohes (A/a)ufwachen. (4) Das (E/e)ntfernen Ihres Weckers aus der Plastikverpackung ist (5) ganz (E/e)infach. Sie müssen nur an der roten Ecke (6) oben links (Z/z)iehen und schon können Sie (7) die Verpackung (Ö/ö)ffnen. (8) Vor der (I/i)nbetriebnahme Ihres Gerätes müssen Sie zunächst die der Packung beiliegende Batterie (9) in das Batteriefach (E/e)insetzen. (10) Zum (Ö/ö)ffnen des Batteriefaches, das sich auf der Hinterseite Ihres Gerätes befindet, brauchen Sie nur sanft (11) auf den vorgegebenen Druckpunkt zu (D/d)rücken.

Nominalisierte Verben und Adjektive

Nun müssen Sie (12) vor dem (E/e)insetzen der Batterie noch die Schutzfolie aus dem Batteriefach entfernen. Haben Sie dies getan, so können Sie (13) die Batterie (E/e)insetzen, (14) aber (A/a)chten Sie auf die Polmarkierungen. Schließen Sie anschließend das Batteriefach wieder (15) durch ein leichtes (D/d)rücken auf den Druckpunkt der Batteriefachklappe. Als Batterien verwenden Sie für das Gerät bitte nur Batterien vom Typ Mignon IEC R6 oder IEC LR 6 1,5 V.

Der Wecker ist jetzt funktionstüchtig und Sie können (16) die Uhrzeit (E/e)instellen.

(17) Zur (E/e)instellung der Uhrzeit bringen Sie die beiden Uhrzeiger mithilfe des oberen Drehknopfes auf der Rückseite des Weckers in die richtige Position.

(18) Genauso (L/l)eicht ist (19) die (R/r)egulierung der Weckzeit. Bringen Sie dazu den kleinen blauen Zeiger auf dem Zifferblatt mithilfe des unteren Drehknopfs auf der Weckerrückseite in die gewünschte Position. (20) Zur (A/a)ktivierung der Weckbereitschaft schieben Sie den blauen Alarmschalter auf der Weckeroberseite hoch. (21) Durch das (H/h)erunterdrücken des Alarmschalters können Sie die Weckbereitschaft oder (22) das (K/k)lingeln Ihres Weckers auf ganz einfache Art und Weise (23) wieder (A/a)usschalten.

Sollte der Wecker (24) nicht oder nicht (R/r)ichtig funktionieren, so wenden Sie sich bitte an den Hersteller. Das ist (25) das einzig (R/r)ichtige, was Sie tun können. Nehmen Sie auf keinen Fall eigene Reparaturversuche an dem Gerät vor. Vorher ist es jedoch ratsam, die Funktionsfähigkeit und (26) den (S/s)itz der Batterie zu überprüfen.

1 ***Schreiben Sie die hervorgehobenen Wortgruppen ab. Entscheiden Sie, ob groß- oder kleingeschrieben werden muss.***

2 ***Bilden Sie Nominalisierungen.***

a) Verbinden Sie die in der oberen Zeile stehenden unbestimmten Zahlwörter (➪ S. 34) mit einem der in der unteren Zeile stehenden Adjektive.

nichts • alles • wenig • etwas • allerlei • genug • viel
lustig • neu • gut • heiter • schön • traurig • süß

b) Bilden Sie mit den gefundenen Paaren jeweils einen grammatisch korrekten und sinnvollen Satz. Achten Sie auf die korrekte Groß- und Kleinschreibung.
Beispiel: *Gestern gab es im Kegelverein nichts Neues.*

3 ***Schreiben Sie eine Bedienungsanleitung. Verwenden Sie nominalisierte Verben und Adjektive. Gehen Sie so vor:***

a) Wählen Sie ein technisches Gerät aus (z. B. Haarföhn, Mixer o. Ä.), dessen Funktionsweise Sie beschreiben können. Verwenden Sie nominalisierte Verben und Adjektive.
Orientieren Sie sich an den Wortgruppen aus Aufgabe 1.

b) Diktieren Sie Ihre Bedienungsanleitung einer Partnerin oder einem Partner. Kontrollieren Sie anschließend die Groß- und Kleinschreibung.

c) Schätzen Sie gegenseitig ein, ob sich das Gerät nach Ihrer Beschreibung richtig bedienen lässt.

Straßennamen

Basiswissen | **Straßennamen**

Straßennamen sind Eigennamen. Sie werden **immer großgeschrieben.**
Je nach ihren Bestandteilen werden sie **zusammen- oder getrennt geschrieben.**
Zu den Bestandteilen eines Straßennamens gehört meist ein Grundwort, wie z. B.:
Straße, Weg, Allee, Chaussee, Gasse, Platz.

Zusammengeschrieben
werden Straßennamen, wenn das Bestimmungswort

- ein eingliedriger Name ist, z. B.: *Goethestraße, Gertraudenbrücke,*
- ein Nomen (einfach oder zusammengesetzt) ist, z. B.: *Lindenweg, Tierparkstraße,*
- ein unflektiertes (unverändertes) Adjektiv ist, z. B.: *Neumarkt, Langgasse.*

Durch Bindestrich verbunden (durchgekoppelt)
werden Straßennamen, deren Bestimmungswort besteht aus

- mehreren Wörtern, z. B.: *Kaiser-Wilhelm-Straße, Professor-Sauerbruch-Straße,*
- einem mehrgliedrigen Namen, z. B.: *Theodor-Storm-Straße, Robert-Koch-Platz.*

Getrennt geschrieben werden Straßennamen, wenn sie

- eine Präposition enthalten, z. B.: *Am Anger, Unter den Linden,*
- ein flektiertes (verändertes) Adjektiv bei sich haben, z. B.: *Lange Gasse, Breite Straße,*
- eine Ableitung von einem geografischen Eigennamen enthalten, z. B.: *Stuttgarter Platz, Berliner Ring, Pariser Straße.*

1 ***Schreiben Sie eine Wegbeschreibung.***

a) Verfassen Sie aus dem Kopf eine Wegbeschreibung vom Bahnhof zu Ihrer Schule.

b) Vergleichen Sie in der Klasse Ihre Wegbeschreibungen. Überprüfen Sie sie mit einem Stadtplan Ihrer Stadt.

c) Kontrollieren Sie die Schreibung der Straßennamen. Schauen Sie bei Unsicherheiten im Stadtplan nach.

2 ***Üben Sie mit einer Partnerin oder einem Partner die Schreibung der Straßennamen.***

a) Diktieren Sie sich gegenseitig mindestens drei Straßennamen aus Ihrer Wohnumgebung.

b) Kontrollieren Sie gemeinsam anhand des Basiswissens die Richtigkeit der Schreibungen.

Straßennamen

Achtung, Fehler: In dem folgenden Geschäftsbrief sind alle Straßennamen zusammengeschrieben.

Hotel Kugler
(1) *Theodorheussring* 7
77458 Stuttgart

Walther Jacob
(2) *Vogelsangweg* 45
22948 Hamburg

Ihre Anfrage vom 05.06.2007 bezüglich einer Wegbeschreibung zu unserem Hotel

Stuttgart, 08.06.2007

Sehr geehrter Herr Jacob,

auf Ihre Anfrage vom 05.06.2007 freuen wir uns, Ihnen mitteilen zu können, dass Sie unser Hotel durchaus zu Fuß vom Bahnhof aus erreichen können. Sie benötigen 30 Minuten für den folgenden Weg: Nehmen Sie vom Bahnhofsgebäude aus den Ausgang (3) *Bahnhofstraße*, (4) *Gustavstresemannallee* und (5) *Schweizerplatz*. Gehen Sie geradeaus die (6) *Bahnhofstraße* zirka 200 Meter lang bis zur nächsten Kreuzung. Biegen Sie dort links in den (7) *Heinrichmannweg* ein und folgen diesem, bis Sie zur (8) *Breitengasse* kommen, die rechts abgeht. Gehen Sie diese zirka 150 Meter lang, bis Sie zum (9) *Altmarkt* kommen. Überqueren Sie den Platz. Dann müssten Sie die Straße (10) *Amheumarkt* erreichen, der Sie bis zur nächsten Querstraße (11) *Zuraltenkirche* folgen müssen. Biegen Sie nach links in diese Straße ein, laufen Sie bis zur Kirche und biegen Sie dann rechts in die Straße (12) *Andeneichen* ab. Folgen Sie dieser zirka 50 Meter bis zur nächsten Kreuzung. Dort müssen Sie linker Hand in den (13) *Kafkaweg* einbiegen. Schon nach wenigen Metern geht von diesem wiederum links die (14) *Kasslerstraße* ab. Biegen Sie hier ein und folgen Sie dieser bis zur übernächsten Kreuzung. Biegen Sie dort rechts in den (15) *Amseldamm* ein. Nach zirka 100 Metern geht von da linker Hand auf Höhe des Lebensmitteldiscounters der (16) *Theodorheussring* ab. Nun sind Sie fast am Ziel. Unser Haus ist mit seiner Werbeaufschrift nicht zu übersehen. Zur besseren Orientierung legen wir Ihnen noch einen Stadtplan bei und hoffen, dass Sie uns leicht finden werden.

Sollten Sie Gepäck bei sich haben, so erreichen Sie uns auch mit der Buslinie 10, die vom Bahnhofsvorplatz abfährt und fast direkt vor unserem Haus, Haltestelle (17) *Theodorheussring*, hält.
Wir freuen uns auf Ihr Kommen und wünschen Ihnen eine angenehme Reise.

Mit freundlichen Grüßen
i. A. Carola Sonnenfeld
Carola Sonnenfeld für die Hotelleitung

3 ***Schreiben Sie die nummerierten Straßennamen in korrekter Schreibung auf.***

Die s-Schreibung

Basiswissen **Die s-Schreibung**

Bei der s-Schreibung unterscheidet man zwischen stimmhaftem und stimmlosem s-Laut:

- Wörter mit stimmhaftem (gesummtem) s-Laut werden mit einem einfachen *s* geschrieben.

  Beispiele: *Na**s**e, Mei**s**e, Rie**s**e*

- Die Schreibung von Wörtern mit stimmlosem (scharfem) s-Laut ist wie folgt geregelt:

  Steht vor dem stimmlosen s-Laut ein kurzer Vokal, wird *ss* geschrieben.

  Beispiele: *Me**ss**e, Flu**ss**, Ka**ss**e*

  Steht vor dem stimmlosen s-Laut ein langer Vokal oder ein Diphthong (Doppellaut), wird meist *ß* geschrieben.

  Beispiele: *Gru**ß**, Gro**ß**vater, Gie**ß**kanne; schwei**ß**en, drau**ß**en*

Achtung, einige wenige Wörter wie *Glas, Preis* und *Haus* werden mit einem einfachen *s* geschrieben, obwohl ein langer Vokal oder Diphthong vor dem s-Laut steht. Bei ihnen hört man den stimmhaften s-Laut nur im Plural. Beispiele: *Gläser, Preise, Häuser*

1 *Übernehmen Sie die Wörterreihen. Schreiben Sie zu jeder Reihe drei weitere Beispiele mit dem passenden s-Laut.*

- Badfliesen • Rasenmäher • Stemmeisen • Kehrbesen
- Fußbank • Straßenabsperrband • Großreinigungsmittel • Rußfilter
- Vorhängeschloss • Schraubschlüssel • Teppichmesser • Abflussrohr

Bei einigen Verbformen ändert sich beim Wechsel der Zeitformen der Stammvokal und entsprechend auch der s-Laut. Beispiel:

Infinitiv	3. Person Singular Präsens	3. Person Singular Präteritum	3. Person Plural Perfekt
gie*ß*en	er gie*ß*t	sie go*ss*	sie haben gego*ss*en

2 *Untersuchen Sie die Veränderungen in der s-Schreibung bei Vokalwechsel im Wortstamm.*

a) Übernehmen Sie die obige Tabelle.

b) Schreiben Sie die richtigen Verbformen der folgenden Verben in die entsprechenden Spalten:
schließen • wissen • zerreißen • essen • fließen

c) Erklären Sie mithilfe des Basiswissens zur s-Schreibung, weshalb sich mit dem Vokal entsprechend auch der s-Laut verändern kann.
Beispiel: *gießen – langer Vokal vor stimmlosem s-Laut, also -**ß***
*sie goss – kurzer Vokal vor stimmlosem s-Laut, also -**ss***

3 *Wenden Sie die Regeln der s-Schreibung an.*

a) Schreiben Sie mithilfe der folgenden Wörter ein Rezept, wie man einen Salat zubereitet.
Setzen Sie *s, ss* oder *ß* ein. Ergänzen Sie Zutaten und Utensilien.
Küchenme_er, Salatso_e, flie_end, Salatschü_el, au_erdem, Wa_er, E_ig, Pri_e

b) Tauschen Sie Ihr Rezept mit Ihrer Partnerin oder Ihrem Partner aus.
Kontrollieren Sie gegenseitig die s-Schreibung.

Die Schreibung von „das“ und „dass“

Basiswissen | **Die s-Schreibung bei *das* und *dass***

Die Schreibung von *das* oder *dass* richtet sich nach der grammatischen Funktion, die das Wort im Satz innehat.

Grammatische Funktion	Schreibung	Beispielsatz
Artikel	**das**	***Das*** *Buch ist spannend.*
Relativpronomen	**das**	*Das Glas,* ***das*** *dort steht, ist kaputt.*
Demonstrativpronomen	**das**	*Udo hat geholfen.* ***Das*** *freut Johanna.*
Konjunktion	**dass**	*Rainer freut sich,* ***dass*** *es schneit.*

Die Konjunktion *dass* steht häufig nach Verben wie *sagen, denken, glauben, hoffen, erfahren.*

Tipp
Versuchen Sie, „dieses“, „jenes“ oder „welches“ für „das“ oder „dass“ einzusetzen. Ist dies möglich, wird „das“ geschrieben.

Erfolg bei der Ausbildungsplatzsuche

___ Gerd einen Ausbildungsplatz als Automechaniker gefunden hat, ___ hat seine Familie sehr gefreut. Denn heutzutage ist ___ Finden eines Ausbildungsplatzes nicht so einfach. ___ ist ___ Resultat der gegenwärtigen Wirtschaftskrise. Deshalb kann Gerd sich glücklich schätzen, ___ er einen Ausbildungsplatz hat. ___ ist sicher auch seinem Auftreten, ___ er beim Vorstellungsgespräch an den Tag gelegt hat, geschuldet sowie natürlich auch seinen praktischen und kognitiven Fähigkeiten, die er beim Einstellungstest unter Beweis gestellt hat. ___ Vorbereiten darauf, ___ sicher aufwändig war, hat sich für ihn also gelohnt. Denn ___ ___ heute mit dem Finden eines Ausbildungsplatzes in so kurzer Zeit klappt, ___ ist nicht selbstverständlich. ___ ist schon Glück und sicher auch ein bisschen ___ Ergebnis von Fleiß. Gerd kann sich jedenfalls darüber freuen, ___ er Erfolg hatte und genommen wurde.

1 ***Entscheiden Sie, ob Sie „das“ oder „dass“ einsetzen müssen.***

a) Diktieren Sie sich den Text als Partnerdiktat. Setzen Sie *das* oder *dass* ein.

b) Unterstreichen Sie *das* und *dass* wie folgt:
Artikel = rot,
Relativpronomen = grün,
Demonstrativpronomen = blau,
Konjunktion = gelb.

2 ***Bilden Sie jeweils zwei Sätze mit den folgenden Satzanfängen:***

Für meine nächste Prüfung hoffe ich, ...
Ich habe mich im Internet über Praktika informiert und ich glaube, ...
Da ich in der letzten Klausur eine gute Note bekam, meint mein Lehrer, ...

3 ***Verbinden Sie die Sätze durch „das“ oder „dass“.***

a) Das Auto hat eine Beule. Das Auto steht vorne.
b) Herr Meier ist froh. Die Autoreparatur hat nicht mehr als 50 Euro gekostet.
c) Bernd hat Glück gehabt. Der Hammer ist niemandem auf den Kopf gefallen.
d) Das Haus ist sehr schön geworden. Werner hat es gebaut.

Basisbaustein

Fehlerquelle: Grammatik

Die Tempusformen

Basiswissen | **Die Tempusformen**

In der deutschen Sprache gibt es sechs Tempusformen (Zeitformen). Sie werden verwendet, um zeitliche Verhältnisse wie Gleichzeitigkeit, Vorzeitigkeit und Nachzeitigkeit auszudrücken.

Futur II	↑	*Mit dem Futur II drückt man eine **in der Zukunft abgeschlossene Handlung** aus.*	*Er **wird** den Computer morgen Abend **repariert haben**.*
Futur I	Vorzeitigkeit	*Das Futur I verwendet man, um etwas **Zukünftiges** auszudrücken.*	*Er **wird** den Computer morgen früh **reparieren**.*
Präsens		*Mit dem Präsens drückt man aus, dass etwas **gerade geschieht** oder dass etwas **generell gilt.***	*Er **repariert** den Computer gerade/immer.*
Perfekt	Nachzeitigkeit	*Das Perfekt verwendet man, um etwas **Vergangenes** auszudrücken, das **bis in die Gegenwart** hineinwirkt. Es wird besonders im Mündlichen verwendet.*	*Er **hat** den Computer **repariert**, jetzt funktioniert er wieder.*
Präteritum		*Mit dem Präteritum drückt man **Vergangenes** aus, das **abgeschlossen** ist. Es wird besonders beim schriftlichen Erzählen und Berichten verwendet.*	*Er **reparierte** den Computer, danach ging er zur Schule.*
Plusquamperfekt	↓	*Mit dem Plusquamperfekt beschreibt man **Vergangenes**, das **vor einer anderen Handlung der Vergangenheit abgeschlossen** war. Es steht oft in Satzgefügen.*	*Er **hatte** den Computer **repariert**, noch bevor er zur Schule ging.*

1 ***Konjugieren Sie das Verb „aufbauen" in allen Personal- und Zeitformen.***

Am 10.5.2007 ___ sich in der Torstraße an der Ausfahrt vom Parkplatz des Supermarktes folgender Unfall: Herr Schmitt ___ mit seinem Motorroller links auf den Parkplatz einbiegen, er ___, um den Gegenverkehr vorbeizulassen. Er ___ noch, bis kein Fußgänger mehr die Ausfahrt ___, und ___. Im selben Moment ___ ein PKW in der Parkplatzausfahrt und ___ mit Herrn Schmitt ___. Der Fahrer ___ dann, Herrn Schmitt nicht gesehen zu haben.

2 ***Ergänzen Sie den Text mit den folgenden Verben. Schreiben Sie im Präteritum.***
ereignen • wollen • anhalten • warten • überqueren • losfahren • erscheinen • zusammenstoßen • behaupten

3 ***Schreiben Sie Sätze über die Vergangenheit und über die Zukunft.***
a) Notieren Sie, was Sie gestern alles gemacht haben.
b) Schreiben Sie auf, was Sie nach Abschluss Ihrer Ausbildung vorhaben.

Aktiv und Passiv

Basiswissen | Aktiv und Passiv

Mit den Verbformen Aktiv und Passiv (Handlungsformen) kann man ein Geschehen aus unterschiedlichen Blickrichtungen darstellen.
Das Aktiv wird verwendet, wenn der Urheber einer Handlung im Vordergrund steht und erwähnt werden soll.
Beispiel: *Die Lehrlinge tapezieren den Raum.*

Das Passiv drückt aus, was mit einem Lebewesen oder mit einer Sache geschieht, der Ablauf einer Handlung oder eines Geschehens steht im Vordergrund. Die Handelnden sind entweder unbekannt oder sollen ungenannt bleiben.
Beispiel: *Der Raum wird tapeziert.*
Das Passiv wird oft verwendet zur Beschreibung von Vorgängen, Arbeitsabläufen, z. B. in Arbeitsanleitungen.
Das Passiv wird mit dem Hilfsverb *werden* (in der entsprechenden Tempusform) und dem Partizip II gebildet.

Zeitform	Aktiv	Passiv
Plusquamperfekt	*sie hatte getragen*	*sie war getragen worden*
Präteritum	*sie trug*	*sie wurde getragen*
Perfekt	*sie hat getragen*	*sie ist getragen worden*
Präsens	*sie trägt*	*sie wird getragen*
Futur I	*sie wird tragen*	*sie wird getragen werden*
Futur II	*sie wird getragen haben*	*sie wird getragen worden sein*

Die oben dargestellte Form des Passivs wird auch **Vorgangspassiv** genannt. Daneben gibt es noch das **Zustandspassiv**. Es bezeichnet Zustände und wird mit dem Hilfsverb *sein* gebildet.
Beispiele: *Der Raum ist tapeziert. Der Raum war tapeziert.*

1 ***Die folgenden Abbildungen zeigen in ungeordneter Reihenfolge, wie man eine Pflanze umtopft. Schreiben Sie eine Arbeitsanleitung im Passiv. So können Sie vorgehen:***

a) Überlegen Sie, in welcher Reihenfolge die Arbeitsschritte durchgeführt werden müssen.
b) Notieren Sie Stichpunkte mit entsprechenden Verben im Passiv.
Beispiele: *Erde wird eingefüllt, die Pflanze wird eingesetzt.*
c) Schreiben Sie die Arbeitsanleitung in vollständigen Sätzen auf.

2 ***Begründen Sie, warum in den folgenden Sätzen das Passiv bevorzugt wird.***

a) Gestern wurde in der Südstadt in zwei Einfamilienhäuser eingebrochen.
b) Der Teig wird anschließend gut durchgeknetet.
c) Hunde dürfen nicht mit in den Laden genommen werden.

Die Modusformen des Verbs: Indikativ, Konjunktiv, Imperativ

Basiswissen Die Modusformen

Mit der Wahl der Modusform, der Aussageweise des Verbs, kann man ausdrücken, wie eine Aussage verstanden werden soll. Im Deutschen gibt es drei Modusformen:

Name der Modusform	Funktion	Beispiel
Indikativ (Wirklichkeitsform)	gibt eine Tatsache wieder	*er kommt*
Konjunktiv (Möglichkeitsform)	beschreibt Möglichkeiten, Wünsche und Zweifel; gibt Aussagen eines anderen wieder (indirekte Rede)	*er komme,* *er käme,* *er würde kommen*
Imperativ (Befehlsform)	kennzeichnet Bitten und Befehle	*Komm!*

1 *Welche Modusform liegt bei den hervorgehobenen Verben vor?*

a) Wir **gehen** heute einkaufen. b) **Benutze** ein Lineal! c) Es **regnet**.
d) Er sagte, er **käme** etwas später. e) Sie meinten, sie **würden** später **fahren**. f) **Sei** still!

Basiswissen Den Konjunktiv richtig bilden und verwenden

Der Konjunktiv I

- wird verwendet, um die Aussagen anderer wiederzugeben.
  Beispiel: *Ulli sagt: „Sie läuft schnell", und Paul sagt: „Ulli meint, sie **laufe** schnell".*
- wird vom Präsensstamm des Verbs gebildet. Beispiel: ***lauf**en – sie laufe*
- Ist der Konjunktiv I nicht vom Indikativ Präsens des Verbs zu unterscheiden, wählt man als Ersatzform den Konjunktiv II.

Der Konjunktiv II

- wird verwendet, um Möglichkeiten, Wünsche und Zweifel auszudrücken.
  Beispiel: *Wenn sie den Start nicht verpasst **hätte**, dann **liefe** sie jetzt ganz vorn.*
- wird vom Präteritumstamm des Verbs gebildet. Beispiel: ***lief**en – sie liefe*
- Ist der Konjunktiv II nicht vom Indikativ Präteritum des Verbs zu unterscheiden, wählt man als Ersatzform die Form mit *würde*.

Indikativ Präsens und Präteritum	Konjunktiv I	Konjunktiv II	Ersatzform mit ***würde***
ich laufe / lief *du läufst / liefst* *er / sie / es läuft / lief* *wir laufen / liefen* *ihr lauft / lieft* *sie laufen / liefen*	*ich laufe* *du laufest* *er / sie / es laufe* *wir laufen* *ihr laufet* *sie laufen*	*ich liefe* *du liefest* *er / sie / es liefe* *wir liefen* *ihr liefet* *sie liefen*	*ich würde laufen* *du würdest laufen* *er / sie / es würde laufen* *wir würden laufen* *ihr würdet laufen* *sie würden laufen*

2 *Bilden Sie alle Konjunktivformen und die Ersatzform mit „würde" zum Verb „legen".*

Direkte Rede in indirekte Rede umwandeln

Alkopops – eine Gefahr für Jugendliche?

Auf die Frage, ob Alkopops für Jugendliche gefährlich sind, antwortet Heiner Müller, Beauftragter des Gesundheitsamts Klein-Ingelheim für Suchtgefahren, Folgendes:

„Alkopops stellen für Jugendliche auf jeden Fall eine Gefahr dar. Denn der Alkoholgehalt der Alkopops, der im Durchschnitt 5–6 Vol.-% beträgt, ist dem Getränk oft von außen nicht anzusehen. Die Farbgebung der Getränke, die von Pink bis Hellgrün reicht, erweckt bei den Jugendlichen oft den Eindruck, dass es sich um Limonade oder Saft handelt. Zudem wird der Alkoholgeschmack der Alkopops durch den hohen Gehalt von Zucker überdeckt, sodass die Jugendlichen oft gar nicht registrieren, dass sie Alkohol zu sich nehmen. Dies macht Alkopops für Jugendliche so heimtückisch. Sie merken gar nicht, dass sie Alkohol konsumieren und wie viel. So kann es schnell zu einer Alkoholvergiftung kommen. Zudem kann der hohe Zuckergehalt der Mixgetränke zur Schädigung der Zähne führen und fördert die Entstehung von Übergewicht mit all seinen gesundheitlichen Folgen. Deshalb sind Alkopops für Jugendliche gefährlich."

1 ***Geben Sie die Aussagen anderer in indirekter Rede wieder.***

a) Formulieren Sie Herrn Müllers Aussagen in indirekte Rede um, verwenden Sie den Konjunktiv.

b) Vergleichen Sie Ihre Ergebnisse in der Klasse.

c) Diskutieren Sie, ob Alkopops mit einem Warnhinweis auf den Alkoholgehalt gekennzeichnet werden sollten.
Geben Sie vor Ihrer Meinungsäußerung die Meinung Ihres Vorredners wieder. Achten Sie auf den korrekten Gebrauch des Konjunktivs.

Basiswissen | **Der *dass-Satz* in der indirekten Rede**

Besonders im Mündlichen werden bei der Wiedergabe von Aussagen anderer häufig *dass-Sätze* (auch *Schaltsätze* genannt) verwendet. In diesen Sätzen darf die indirekte Rede auch im Indikativ stehen.

Beispiel: *Lea sagt: „Die Aussicht ist toll." – Lea sagt, dass die Aussicht toll ist.*

2 ***Geben Sie die Meinungen anderer in einem Leserbrief wieder.***

a) Äußern Sie in wenigen Sätzen schriftlich Ihre Ansicht zum Thema *Verbot von „Flatrate-Partys" – keine Pauschalpreise fürs Trinken mehr.* Begründen Sie Ihre Ansicht.

b) Interviewen Sie fünf Mitschüler, um zu erfahren, was sie zu diesem Thema denken. Halten Sie deren Aussagen mit Namen auf einem Zettel fest.

c) Schreiben Sie sechs besonders überzeugende Argumente auf. Verwenden Sie den Konjunktiv oder Schaltsätze mit *dass*.

d) Verfassen Sie einen kurzen Leserbrief zum Thema *Was Lernende vom Verbot von Pauschalpreisen für das Trinken in Gaststätten halten.* Stellen Sie die Meinung Ihrer Mitschüler zu diesem Thema vor. Belegen Sie sie durch die ausgewählten Aussagen. Stellen Sie am Schluss des Leserbriefes Ihre Meinung dar.

e) Tragen Sie Ihre Leserbriefe in der Klasse vor. Achten Sie darauf, ob die Aussagen der Mitschülerinnen und Mitschüler korrekt wiedergegeben werden.

Testen Sie Ihr Wissen

Test

Nennen Sie die Antwort, die jeweils richtig ist.

1. Worum handelt es sich bei dem folgenden Satz?
   Der Pullover, den du heute trägst, gefällt mir sehr.

   A Eine Aufzählung
   B Einen Hauptsatz mit eingeschobenem Nebensatz
   C Einen Hauptsatz und Hauptsatz

2. Welches Nomen wurde in dem folgenden Satz aus einer anderen Wortart gebildet?
   Sein offener Schnürsenkel schleift auf dem Boden und hindert ihn beim Laufen.

   A Schnürsenkel
   B Boden
   C Laufen

3. In welchem der folgenden Sätze wird ein Konjunktiv verwendet?

   A Wenn ich einen Führerschein hätte, besäße ich bestimmt auch ein Auto.
   B Mein Hund wurde von einem anderen Hund angefallen.
   C Wir werden nächstes Jahr unseren Urlaub am Mittelmeer verbringen.

Fazit

Fehlerquelle: Zeichensetzung

Das Komma

Prüfen Sie, ob es Haupt- und Nebensätze, Infinitive + *zu* oder Sätze gibt, die mit Konjunktionen wie z. B. *und*, *oder* eingeleitet sind.

Fehlerquelle: Rechtschreibung

Großschreibung

Prüfen Sie, ob es sich um einen Satzanfang oder um ein Nomen handelt und ob ein Artikel oder Pronomen vor dem Wort steht oder stehen kann.

Schreibung der s-Laute

Prüfen Sie, ob Sie einen langen oder kurzen Vokal hören, verlängern Sie im Zweifelsfall das Wort, z. B. *Haus – Häuser*.

Fehlerquelle: Grammatik

Die Formen des Verbs

Prüfen Sie die zeitliche Abfolge eines Geschehens, wählen Sie danach die Tempusform.

Prüfen Sie, ob in einer Aussage die Handlung oder der Handelnde die größere Rolle spielt. Wählen Sie entsprechend die Aktiv- oder Passivform eines Verbs.

Verwenden Sie besonders zur Wiedergabe von Aussagen anderer den Konjunktiv.

Benutzen Sie ein Wörterbuch als Hilfe und zur Kontrolle.

Kapitel 3

Textsorten im Überblick

3.1 Vielfalt und Funktion von Textsorten erkennen	3.2 Textsorten nach verschiedenen Kriterien einteilen	3.3 Literarische Textsorten unterscheiden	3.4 Sachtextsorten unterscheiden	3.5 Grafische Darstellungen und Zeichnungen

Tagtäglich lesen wir Texte aus den unterschiedlichsten Gründen. Sie unterscheiden sich oft schon auf den ersten Blick durch ihr Aussehen, aber auch hinsichtlich ihrer kommunikativen Absichten, die auf unser Denken und Handeln ausgerichtet sind.

In diesem Kapitel lernen Sie, die unterschiedlichen Textsorten zu unterscheiden. Dies hilft Ihnen, literarische und Sachtexte besser zu beurteilen und sich fachsprachlich richtig auszudrücken, wenn z. B. bei einer Sachtextanalyse die Textsorte zu benennen ist.

Was ich aus anderen Kapiteln weiß

- ✔ Kommunikative Vorgänge haben einen Sender und einen Empfänger (➪ Kapitel 1).
- ✔ Kommunikation findet auf mehreren Ebenen statt: Je nach Absicht des Senders kann auf einer der Ebenen – Darstellung, Ausdruck, Appell – ein besonderer Schwerpunkt liegen (➪ Kapitel 1).

Vielfalt und Funktion von Textsorten erkennen

Das Wort „Text“ stammt vom lateinischen Wort „textus“ ab, was Gewebe, Verbindung, Zusammenhang bedeutet. Ähnlich wie bei Textilien (das Wort geht auch auf „textus“ zurück), bei denen aus Fäden ein Stoff hergestellt wird, werden Wörter und Sätze zu einem Ganzen verbunden. Es entstehen, je nach Absicht und Zweck, verschiedene Texte.
Texte, die gleich oder ähnlich „gewebt“ sind, kann man zu Textsorten zusammenfassen.

Patrick Süskind*: Das Parfüm

Im achtzehnten Jahrhundert lebte in Frankreich ein Mann, der zu den genialsten und abscheulichsten Gestalten dieser an genialen und abscheulichen Gestalten nicht armen Epoche gehörte. Seine Geschichte soll hier erzählt werden. Er hieß Jean-Baptiste Grenouille, und wenn sein Name im Gegensatz zu den Namen anderer genialer Scheusale, wie etwa de Sades, Saint-Justs, Fouchés, Bonapartes usw., heute in Vergessenheit geraten ist, so sicher nicht deshalb, weil Grenouille diesen berühmteren Finstermännern an Selbstüberhebung, Menschenverachtung, Immoralität, kurz an Gottlosigkeit nachgestanden hätte, sondern weil sich sein Genie und sein einziger Ehrgeiz auf ein Gebiet beschränkte, welches in der Geschichte keine Spuren hinterläßt: auf das flüchtige Reich der Gerüche.

* Schriftsteller, geboren 1949

R

Der Mond ist aufgegangen,
Die goldnen Sternlein prangen
Am Himmel hell und klar;
Der Wald steht schwarz und schweiget,
Und aus den Wiesen steiget
Der weiße Nebel wunderbar.
[...]

Seht ihr den Mond dort stehen? –
Er ist nur halb zu sehen
Und ist doch rund und schön!
So sind wohl manche Sachen,
Die wir getrost belachen,
Weil unsre Augen sie nicht sehn.

(Matthias Claudius, 1740–1815)

Mond, der [...] Der Mond hat keine Atmosphäre; dies erlaubt einen ungehinderten Blick auf seine Oberfläche; große Temperaturgegensätze zwischen Tag- und Nachtseite (rund +120 und −130 Grad Celsius). [...] Umfang: 10 920 km

4you!
/)/)
=(.)=
,,,,(,,,,,,,),,,,,,
Hallo, mein Hase! gn8

In Raum 4 unserer Raumfahrtausstellung können Sie ein kleines Stück echtes Mondgestein anschauen. Auf der Erde gibt es ähnliche Materialien. [...]

SHANGHAI. Ein deutscher Kunststudent hat sich, als Krieger verkleidet, unter die weltberühmten Terrakotta-Soldaten des ersten chinesischen Kaisers gemischt. „Es war die Begeisterung, ein Teil der Armee zu sein", sagte der 26 Jahre alte Pablo Wendel am vergangenen Mittwoch nach seinem spektakulären Auftritt. Er habe keine Aktionskunst machen, sondern sich als Teil der alten Kultur fühlen wollen: „Es war eine spontane Aktion, da reinzuspringen." Der Student kam mit einer Verwarnung der chinesischen Polizei davon.

Völlig unbeweglich stand der Sechsundzwanzigjährige in seinem täuschend echt aussehenden Kostüm zwischen den mehr als 2000 Jahre alten tönernen Soldaten und blieb eine ganze Weile unentdeckt. Die tönernen Soldaten werden in einer Ausstellungshalle nahe der Stadt Xi'an im Nordwesten Chinas der Öffentlichkeit gezeigt. [...]

Überprüfen Sie die Anschlussleitungen regelmäßig auf Beschädigungen. Im Falle einer Beschädigung muss die Anschlussleitung vom Hersteller oder durch autorisiertes Fachpersonal ausgetauscht werden und das Gerät darf nicht benutzt werden.

Stumme Gedanken

Ich bin nicht wie du,
meine Welt ist kalt und leer.
Du lebst im Land der Träume,
entsagst jeglicher Realität.
Und denkst dennoch, du seiest ein Teil,
ein Teil von mir.

(Alexandra Wagner)

Sponsored by Opa!

Vielen Dank fürs Auto!
Jetzt fahre ich dich jeden
Dienstag zum Stammtisch.

Danni

1 ***Schauen Sie sich die Texte auf Seite 46 und Seite 47 an und vergleichen Sie sie.***

a) Welche Arten/Sorten von Texten erkennen Sie anhand ihrer äußeren Gestalt?
b) Wodurch unterscheiden sich die Texte, auch in sprachlicher Hinsicht?
c) Wie wirken die Texte jeweils auf Sie?
d) Welche Funktionen/Aufgaben haben die unterschiedlichen Texte?

2 ***Welche weiteren Textsorten fallen Ihnen ein? Beziehen Sie alle Medien ein.***

a) Sammeln Sie Ihre Ergebnisse in der Klasse und schreiben Sie sie auf Plakatpapier oder auf einzelne Karten.
b) Erläutern Sie die von Ihnen genannten Textsorten, wenn sie anderen in der Klasse nicht bekannt sind.
c) Überlegen Sie sich zu jeder genannten Textsorte einen Grund, warum bzw. wozu Sie solche Texte lesen.

3 ***Nach welchen Merkmalen oder Kriterien könnte man die Textsorten ordnen?***

a) Ordnen Sie die abgedruckten Texte und die von Ihnen gesammelten Textsorten nach Ihren Kriterien. Beispiel: *Texte, die Beschreibungen zu einem Weg, einer Reise, einer Besichtigung oder einer Ausstellung enthalten, z. B. Reiseführer, Museumsführer.*
b) Stellen Sie Ihre Einteilung mit Begründung der Klasse vor.

Textsorten nach verschiedenen Kriterien einteilen

Es gibt verschiedene Möglichkeiten, Textsorten zu unterscheiden, denn sie lassen sich nach unterschiedlichen Kriterien bewerten (➪ Aufgabe 3, S. 47).

Basiswissen | Texte nach der kommunikativen Funktion unterscheiden

Textsorten können nach der kommunikativen Absicht ihrer Verfasser unterschieden werden. Das heißt, sie werden danach beurteilt, welche Funktion/Aufgabe sie zwischen einem Sender (Autorin/Autor) und einem Empfänger (z. B. Leserin/Leser) übernehmen sollen. Entsprechend den verschiedenen Ebenen der Kommunikation (➪ Kapitel 1, S. 11) ergeben sich drei Pole, in deren Spannungsfeld die verschiedenen Textsorten anzusiedeln sind. Viele Textsorten haben aber nicht nur eine Funktion, sondern sind Mischformen aus zwei, manchmal sogar aus allen drei Funktionen, die sie erfüllen sollen (Kommunikationsmodelle ➪ Kapitel 9, S. 135).

Folgende Textfunktionen können unterschieden werden:

- **Expressive** Texte (oder **Ausdruck**stexte) sind besonders dadurch gekennzeichnet, dass eine Autorin/ein Autor schreibt, um Gefühle, Gedanken und Stimmungen auszudrücken. Beispiel *Tagebuch: Gestern hatte meine Stimmung den absoluten Tiefpunkt erreicht.*
- **Appellative** Texte (oder **Aufforderung**stexte) sind besonders dadurch gekennzeichnet, dass die Autorin/der Autor sich an Leser wendet, sie zu etwas auffordern möchte. Beispiel *Reiseprospekt: Genießen Sie die Sonne des Südens.*
- **Informative** Texte (**Darstellung**stexte): Die Autorin/der Autor setzt sich mit einem bestimmten Gegenstand, Sachverhalt oder Vorgang auseinander, nähert sich ihm an, bestimmt ihn genauer, beschreibt seinen Ablauf oder stellt ihn kritisch dar. Beispiel *Bericht: Nach der Ankunft zeigten wir unserer Partnerklasse die Schule.*

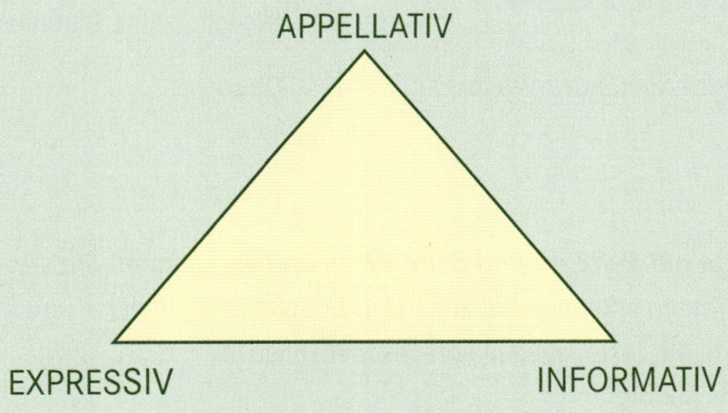

1 ***Ordnen Sie die folgenden Textsorten nach den oben genannten Textfunktionen (➪ Kapitel 10, S. 143):***

Werbeanzeige • Gedicht • Brief • Lexikonartikel • Nachricht • Flugblatt • Kommentar

a) Schlagen Sie Ihnen unbekannte Wörter in einem Nachschlagewerk nach oder suchen Sie Informationen im Internet.

b) Übernehmen Sie das Modell (Dreieck) in Ihr Heft und ordnen Sie die Textsorten zu. Notieren Sie Mischformen zwischen den Polen.

c) Begründen Sie Ihre Zuordnung in Stichpunkten.
Beispiel: *Ein Lexikontext ist ein informativer Text. Er enthält eine knappe, sachliche Darstellung, z. B. zu Personen, Pflanzen, Geschehnissen.*

Texte lassen sich auch danach unterscheiden, ob sie in wesentlichen Teilen erdacht/erfunden wurden oder Sachverhalte aus der Realität wiedergeben.

Basiswissen | **Literarische Texte und Sachtexte unterscheiden**

Als **literarische Texte** werden meist Texte bezeichnet, die von einer Autorin oder einem Autor erdacht/erfunden wurden. Sie können zwar auf realen Erlebnissen beruhen, Handlung und Figuren existieren aber nur in der Vorstellung. Diese Texte werden auch **fiktionale Texte** genannt. Sie sind meist vieldeutig, d. h., sie lassen mehrere Deutungsmöglichkeiten zu.

In **Sachtexten** geben Autoren tatsächlich existierende Sachverhalte wieder und setzen sich mit diesen auseinander. Diese Texte nennt man auch **nicht-fiktionale Texte**. Sie sind in der Regel eindeutig geschrieben, d. h., sie lassen keine weiteren Deutungsmöglichkeiten zu.

2 *Bestimmen Sie die folgenden Textsorten danach, ob es sich um literarische Texte oder Sachtexte handelt:*

- Kurzgeschichten
- Referate
- Romane
- Gesetzestexte
- Hörspiele
- Balladen
- Märchen

a) Schlagen Sie unbekannte Textsorten nach.

b) Begründen Sie jeweils Ihre Zuordnung, wenn möglich, mit einem Beispiel.

Walderkenntnis

Ein Männlein steht im Walde
ganz still und stumm.
Wenn ich es nicht umfahre,
dann fahre ich es um.

(Robert Gernhardt, 1937–2006)

Glimpflich

Von Christian Knatz

Bisher sei die Wahl ohne Zwischenfälle verlaufen, meldet der Radiosprecher. Ein Glück! Diesmal also keine brennenden Wahllokale, kein Mob, der in den Straßen tobt, keine peitschenden Gewehrsalven. Und auch die Stämme des Landes überziehen einander nicht mit Krieg und Gewalt. Mithin besteht kein Anlass, Blauhelme der UNO zu rufen. Die Welt kann aufatmen, und vielleicht wird ja über den Tag der Entscheidung hinaus doch noch alles gut in Mecklenburg-Vorpommern.

3 *Bestimmen Sie die beiden Texte nach unterschiedlichen Kriterien.*

a) Sortieren Sie die Texte in das Textsorten-Modell von Seite 48 ein und begründen Sie Ihre Entscheidung.

b) Überlegen Sie, ob es sich um Sachtexte oder literarische Texte handelt. Begründen Sie Ihre Entscheidung.

Literarische Textsorten unterscheiden

Literarische Texte werden in drei große Grundformen unterteilt: die literarischen Gattungen Dramatik, Epik und Lyrik.

Basiswissen | **Die literarischen Gattungen**

Dramatik

Das Wort „Dramatik" stammt vom griechischen Wort „drama" ab und bedeutet *Handlung*. Der Dramentext ist in Dialogform geschrieben, da ein Drama in der Regel für eine Aufführung im Theater oder Fernsehen vorgesehen ist. Die Handlung wird auf einem Konflikt aufgebaut, der mit Spannung einem Höhepunkt zugeführt und anschließend im Guten oder in einer Katastrophe aufgelöst wird.

Als wesentliche Formen gelten: *Tragödie, Komödie, Schauspiel, filmisches Erzählen* und *Hörspiel.*

Epik

Das Wort „Epik" stammt vom griechischen Wort „epikos" ab und heißt *erzählerisch*. Es wird eine Geschichte erzählt. Der Erzähler teilt einem Leser äußere und innere Geschehnisse einer Handlung mit. Epik wird in ungebundener Sprache (Prosa) geschrieben.

Als wesentliche Formen gelten: *Roman, Novelle, Kurzgeschichte, Parabel, Fabel, Sage* und *Märchen.*

Lyrik

Das Wort „Lyrik" stammt von dem griechischen Wort „lyra" ab und bedeutet *Leier*. Dies ist ein harfenähnliches Instrument, mit dem dichterische Vorträge begleitet wurden. Traditionelle Lyrik ist in gebundener Sprache (Poesie) geschrieben. Formale Merkmale der traditionellen Lyrik sind: Reim, Vers und Strophe. Modernere Formen sind nicht mehr ganz so formal aufgebaut.

Als wesentliche Formen gelten: *Gedicht, Ballade* (als besondere Form des Gedichts), *Lied* und *Song.*

A

B

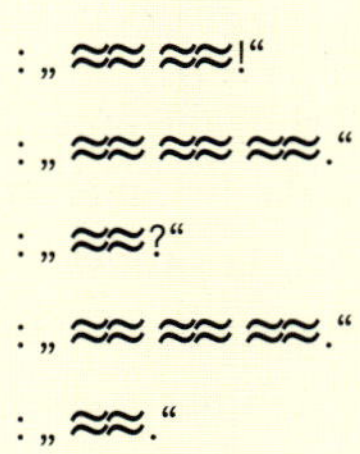

C

1 *Ordnen Sie den Bildern A – C die oben genannten Gattungsbezeichnungen zu. Begründen Sie Ihre Zuordnung.*

Basisbaustein

Im Folgenden werden wichtige literarische Textsorten genauer definiert.

Dramatik

Tragödie: Bühnenwerk, im Wesentlichen gleichbedeutend mit dem Begriff *Trauerspiel*. Die Hauptfigur wird mit einem unausweichlichen Schicksal konfrontiert oder gerät in einen Konflikt zwischen einander ausschließenden Werten und scheitert daran.

Komödie: Bühnenwerk, Begriff wird gleichbedeutend mit *Lustspiel* verwendet. Es wird ein scheinbarer Konflikt mit heiterer Überlegenheit und einem Schmunzeln über die menschlichen Schwächen gelöst.

Schauspiel: Oberbegriff für Drama, Tragödie, Komödie, wird gleichbedeutend mit dem Begriff *Sprechtheater* verwendet; bezeichnet Theaterstücke, die eine relativ offene Form haben.

Epik

Roman: Erzählung größeren Umfangs. Ein Stück Welt wird in all seinen Beziehungen zwischen zahlreichen Figuren, in Haupt- und Nebenhandlungen, an mehreren Orten, zu verschiedenen Zeiten, aus unterschiedlichen Perspektiven dargestellt (➪ S. 46, Auszug).

Novelle: Es wird in relativ kurzer Form eine besondere („unerhörte") Begebenheit erzählt, die ab einem bestimmten Zeitpunkt eine Wende nimmt (Wendepunkt).

Kurzgeschichte: Der Begriff entstand in Anlehnung an die amerikanische *Short Story*. Sie ist gekennzeichnet durch einen unvermittelten Anfang und einen offen gehaltenen Schluss. Das kurz dargestellte Geschehen wird auf eine einzige Situation konzentriert. Die Sprache ist oft klar und konkret, nahe an der Alltagssprache.

Parabel: Begriff für eine kurze Gleichniserzählung, die meist in belehrender oder aufklärender Absicht verfasst wird. Es wird ein Sachverhalt erzählt, durch den ein analoger Vorgang aus einem anderen Lebensbereich veranschaulicht wird. Die P. ist mit der ➪ Fabel und dem Gleichnis (biblische Geschichte) verwandt.

Fabel: Kurze Erzählung, in der oft Tiere die Akteure sind. Sie stellen menschliche Eigenschaften und Verhaltensweisen dar. Aus der Kritik an Verhaltensweisen und gesellschaftlichen Zuständen sollen Lehren gezogen werden. Fabeln werden in Prosa, aber auch in Versen (Gedicht) geschrieben.

Satire: Spottdichtung, in der durch Übertreibung und Ironie scharfe Kritik an Personen oder gesellschaftlichen Zuständen geübt wird.

Märchen: Ursprünglich mündlich überlieferte Erzählform, die in allen Völkern verbreitet ist. Merkmale sind: Ort und Zeit der Handlung sind nicht genau bestimmt, die Figuren werden auf Gegensätze beschränkt dargestellt (*gut/böse*, *arm/reich*, *klug/dumm*). Häufig müssen Aufgaben bestanden werden; Gegenstände haben Zauberkraft, Menschen und Tiere werden verwandelt.

Lyrik

Gedicht: Traditionell ist es in gebundener Sprache (Poesie), d. h. in Versen geschrieben. Modernere Gedichte zeigen weniger formale Merkmale auf. Das Gedicht hat meist einen hohen Symbolgehalt und ist dadurch in hohem Maße vieldeutig.

Ballade: Es wird in Gedichtform eine Geschichte mit einer dramatisch zugespitzten Handlung erzählt.

Lied/Song: Lyrische Form, die durch eine Melodie singbar wird; hat oft Strophen und Refrain (➪ Kapitel 5, S. 76).

Sachtextsorten unterscheiden

Sachtexte kann man danach unterscheiden, ob sie mehr tatsachenbetont oder mehr meinungsbetont sind. Im Folgenden werden wichtige Sachtextsorten definiert.

Basiswissen — Merkmale tatsachenbetonter Sachtexte

Nachricht: Auf Fakten und Vorgänge beschränkte Mitteilung. Tatsachen werden unvoreingenommen (unparteiisch), knapp und ohne Ausschmückungen dargestellt.

Bericht: Umfangreichere Nachricht, wobei der Verfasser noch Erläuterungen beifügt, Hintergründe und deren Bedeutung erläutert sowie die Folgen aufzeigt. Die Meinung des Berichterstatters hat darin nichts verloren.

Reportage: Ereignisbericht mit Hintergrundinformationen sowie persönlichen Eindrücken. Die Reporterin oder der Reporter schildert so konkret und anschaulich wie möglich das Geschehen „vor Ort".
Die Leser oder Hörer sollen die Atmosphäre eines Ortes oder Ereignisses nacherleben können, um daraus ihre eigenen Schlüsse zu ziehen.

Basiswissen — Merkmale meinungsbetonter Sachtexte

Kommentar: Kritische Stellungnahme zu aktuellen Tagesereignissen. Besonderes Gewicht liegt auf der persönlichen Meinung des Autors. Er will andere von seiner Meinung überzeugen. Der Kommentar setzt Informationen voraus und fordert eine Stellungnahme heraus.

Leserbrief: Stellungnahme zu einem Sachverhalt. Er kann als Reaktion, z. B. auf einen Bericht oder Kommentar oder einen anderen Leserbrief, geschrieben werden. Leserbriefe findet man z. B. in Zeitungen, Zeitschriften und im Internet.

Glosse: Kurzkommentar, wird oft als „spöttische Randbemerkung" bezeichnet. Sie nimmt zu wichtigen Tagesereignissen, aber auch zu allgemeinen Vorkommnissen auf ironische, spöttische oder polemische Weise kritisch Stellung.

1 *Sortieren Sie folgende Sachtextsorten nach dem Kriterium „mehr tatsachenbetont" oder „mehr meinungsbetont". Begründen Sie jeweils Ihre Zuordnung.*

- Gesetzestext
- Brief
- Lexikonartikel
- Politische Rede
- Praktikumsbericht
- Sportreportage
- Fahrplan
- Gebrauchsanweisung
- Fachtext
- Rezept
- Werbeanzeige

Grafische Darstellungen und Zeichnungen

Sachverhalte, Personen, Ereignisse, Geschichten können nicht nur in Form von fortlaufenden Texten dargestellt werden, sondern auch in grafischen Darstellungen oder Zeichnungen.

Basiswissen – Merkmale grafischer Darstellungen und Zeichnungen

Schaubild: Grafische Darstellung eines Sachverhalts. Bilder, Symbole, geometrische Formen und Figuren oder Zahlen können Bestandteile des Schaubilds sein, z. B. Mindmap, grafische Aufbereitung einer Übersicht (➪ Kapitel 9, S. 134, 135).

Diagramm: Das Diagramm ist eine spezielle Form des Schaubilds. Dabei werden Zahlen durch Größenverhältnisse in anschaulicher, leicht überblickbarer Form dargestellt. Es gibt unterschiedliche Arten der Darstellung:

Säulendiagramm

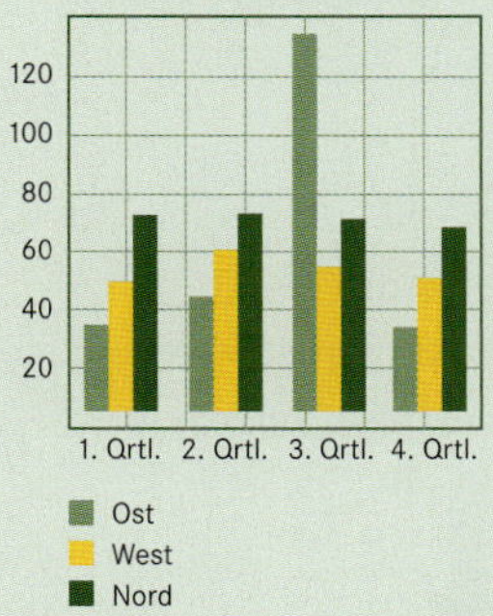

Kreisdiagramm

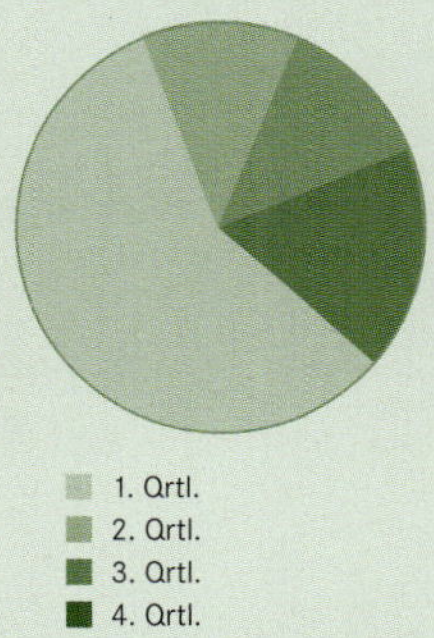

Balkendiagramm

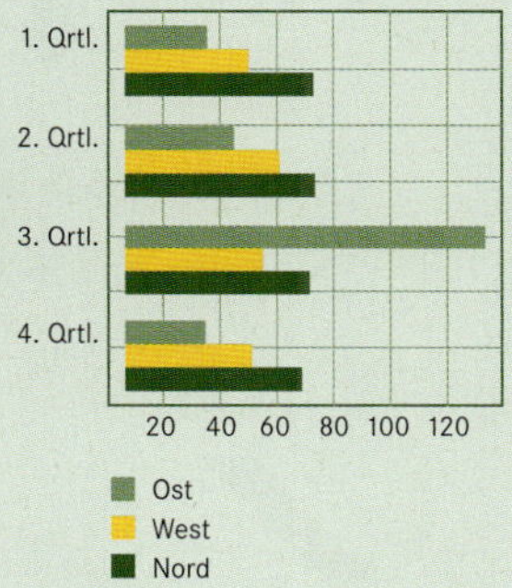

Kurvendiagramm

Karikatur: Spottbild, satirische Zeichnung. Sie kritisiert eine Person, eine Sache oder ein Ereignis durch überproportionale Hervorhebung und Betonung bestimmter charakteristischer Merkmale.

Comic: Englische Kurzform für Comicstrip, was komischer Bildstreifen bedeutet, schwarz-weiß oder farbig gezeichnete Bildergeschichten in Fortsetzungen mit Sprechblasen (z. B. S. 6).

1 *Welche Vor- und Nachteile haben bildhafte Darstellungen gegenüber Texten? Begründen Sie Ihre Auffassung.*

Fazit

Texte können nach verschiedenen Gesichtspunkten unterteilt werden:

Textsorten

Einteilung nach der Art der Darstellung:

- **Texte**
- **Grafische Darstellung** von Sachverhalten, z. B.:
  - Schaubilder
  - Diagramme
- **Bildhafte künstlerische Darstellung** von Personen und Sachverhalten, z. B.:
  - Karikaturen
  - Comics

Einteilung nach kommunikativen Kriterien:

- expressiv (Ausdruck)
- informativ (Darstellung)
- appellativ (Aufforderung)

Einteilung nach ihrem Bezug zur Wirklichkeit:

- fiktional (erfunden)
- nicht-fiktional (tatsächlich existierende Sachverhalte, Personen)

Literarische Texte

Dramatik	**Epik**	**Lyrik**
Tragödie	Roman	Gedicht
Komödie	Novelle	Ballade
Schauspiel	Kurzgeschichte	Lied/Song
Film (Drehbuch)	Parabel, Fabel	
Hörspiel (Hörspiel-manuskript)	Sage	
	Märchen	
	Satire	

Sachtexte

tatsachen-betont	**meinungs-betont**
Nachricht	Leserbrief
Bericht	Kommentar
Reportage	Glosse
Gesetzestext	
Lexikonartikel	

Kapitel 4

Sachtexte lesen, verstehen, eine Textanalyse schreiben

4.1 Einen Text bearbeiten

4.2 Den Inhalt eines Textes wiedergeben

4.3 Textsorten erkennen

4.4 Eine Sachtextanalyse schreiben

Wer Informationen sucht, hat es mit Texten von unterschiedlicher Qualität zu tun. Deshalb ist es nicht nur wichtig, einen Text zu verstehen, man muss auch lernen, ihn zu beurteilen.

In diesem Kapitel geht es zunächst darum, wie Sie einen Text bearbeiten und zusammenfassen können. So lassen sich die wichtigsten Informationen besser im Gedächtnis behalten oder für einen eigenen Text, ein Referat oder eine Stellungnahme verwenden.

Bei der Beurteilung eines Textes kommt es darauf an, die Sachinformationen von der persönlichen Meinung einer Verfasserin oder eines Verfassers zu unterscheiden.

Mit einer Textanalyse untersuchen Sie einen Text gründlich, um z. B. aus dem Schreibstil auf die Absicht der Verfasserin oder des Verfassers zu schließen. Aufgrund des Textaufbaus können Sie die Informationsqualität eines Textes besser beurteilen.

Was ich aus anderen Kapiteln weiß

- ✔ Sprachliche Zeichen müssen entschlüsselt werden (➪ Kapitel 1).
- ✔ Das Gesagte ist nicht immer das Gemeinte (➪ Kapitel 1).
- ✔ Die Aussagen anderer gibt man in indirekter Rede wieder (➪ Kapitel 2).
- ✔ Textsorten kann man unterscheiden und je nach Aussageabsicht und Adressat einsetzen (➪ Kapitel 3).

Einen Text bearbeiten

Handy-Verbot an den Schulen

Nach dem Auffinden von Porno- und Gewaltvideos in Klassenzimmern hat der Ministerrat die Benutzung von Mobiltelefonen auf dem Schulgelände zum Tabu erklärt.

Von Christine Burtscheidt

Die Staatsregierung hat ein generelles Nutzungsverbot von Handys an Schulen beschlossen. Nachdem in den Mobiltelefonen von Schülern gewaltverherrlichende und pornografische Videos gefunden wurden, dürfen Kinder und Jugendliche ihre Handys zwar auch künftig mitnehmen, aber weder im Unterricht noch in den Pausen nutzen. In dringenden Fällen dürfen Lehrer Ausnahmen genehmigen.

„Die Schule ist nicht der Ort zum Telefonieren und schon gar nicht für die Verbreitung jugendgefährdender Machwerke", sagte Kultusminister Siegfried Schneider. Diesem Erziehungs- und Schutzauftrag müsse ein grundsätzliches Nutzungsverbot für Handys in den Schulen gerecht werden. Bei Lehrerverbänden stieß die Entscheidung des Kabinetts auf Kritik, sie sei nicht zielführend, hieß es. Schon bisher ist der Gebrauch von Handys im Unterricht verboten.

Künftig soll das Telefon jedoch auf dem gesamten Schulgelände ausgeschaltet bleiben, wie ein Sprecher des Kultusministeriums mitteilte. „Von morgens acht Uhr bis mittags gilt das Nutzungsverbot." Einzige Ausnahme seien Krankheitsfälle, Unterrichtsausfall oder Verzögerungen beim Schulbustransport.

Telefone dürfen weiter mitgenommen werden

Die Staatsregierung betonte, dass es sich bei dem Ministerratsbeschluss nicht um ein allgemeines Handyverbot handle, da die Telefone weiterhin mitgenommen werden dürften.

Ein solches hatte am Wochenende noch CSU-Generalsekretär Markus Söder gefordert und war auf massive Kritik gestoßen. „Unsere Lehrkräfte haben wahrlich Wichtigeres zu leisten, als wie Spürhunde Mobiltelefone zu suchen", sagte der Chef des Bayerischen Realschullehrerverbands, Anton Huber.

Nicht weniger Anstoß wird nun auch am jüngsten Ministerratsbeschluss genommen. „Damit will man sich nur aus der Affäre ziehen und so tun, als habe man etwas unternommen", sagte der Philologenverbands-Vorsitzende und Deggendorfer Direktor, Heinz-Peter Meidinger.

Tatsächlich werde sich dadurch an den Schulen die Lage nicht ändern. Der Beschluss werde lediglich zu mehr Unklarheit beitragen und neue Fragen aufwerfen, die Meidinger so formulierte: „Wann dürfen Lehrer Ausnahmen von dem Nutzungsverbot machen? Wer kontrolliert täglich auf den Schulhöfen und Toiletten, ob die Handys auch ausgeschaltet sind?"

Lehrer halten Nutzungsverbot für unangemessen

Der Lehrer- und Lehrerinnenverband hält das Nutzungsverbot für unangemessen.

Er könne nicht nachvollziehen, weshalb 100 Prozent der Schüler bestraft würden, weil 1 Prozent Handys für gewaltverherrlichende Darstellungen missbrauchten. Auch der bayerische Lehrer- und Lehrerinnenverband hält das Nutzungsverbot für unangemessen.

(Süddeutsche Zeitung, 29. 03. 2006)

1 ***Bearbeiten Sie den Text nach der 5-Schritt-Lesetechnik (➪ Kapitel 7, S. 112).***

a) Überfliegen Sie den Text, achten Sie auf die Überschrift und auf Zwischenüberschriften.

b) Formulieren Sie Fragen an den Text, z. B.: Wann hat wer was warum angeordnet?

c) Lesen Sie nun gründlich. Schlagen Sie unbekannte Begriffe nach, lesen Sie schwierige Sätze mehrmals.

d) Notieren Sie Schlüsselbegriffe und wichtige Aussagen zu Ihren Fragen.

e) Versuchen Sie, Ihre an den Text gestellten Fragen (siehe b) zu beantworten.

Den Inhalt eines Textes wiedergeben

Eine Inhaltsangabe schreiben

Einen längeren Text kann man zusammenfassen, um die darin enthaltenen Informationen jederzeit abrufen zu können. Wichtig sind dabei auch die Angaben zum Autor, zur Quelle und zum Erscheinungsdatum. Silke hat folgende Inhaltsangabe geschrieben:

Muster

In dem Text von Christine Burtscheidt, der am 29.03.2006 erschienen ist, geht es um ein neues Handyverbot an Bayerns Schulen. Schüler dürfen das Handy zwar mitführen, müssen es aber ausgeschaltet lassen. Das Verbot soll nach den Vorstellungen des Kultusministeriums für das gesamte Schulgelände gelten. Hintergrund für diese Gesetzesmaßnahme waren Gewalt- und Pornovideos, die auf Schülerhandys gefunden wurden. Allerdings findet das Gesetz nicht nur Befürworter. Die einen behaupten, dass sich durch das Gesetz an den Schulen nicht viel ändern werde, die anderen halten es einfach für unangemessen.

1 ***Beurteilen Sie die Inhaltsangabe.***

a) Hat Silke Ihrer Meinung nach die wichtigsten Aussagen des Textes richtig wiedergegeben?

b) Untersuchen Sie, auf welche Textpassagen im Original sich die Aussagen in der Inhaltsangabe beziehen:
- „Das Verbot soll nach den Vorstellungen des Kultusministeriums für das gesamte Schulgelände gelten."
- „Allerdings findet das Gesetz nicht nur Befürworter."
- „... die anderen halten es einfach für unangemessen."

Beispiel: *Der Ausschnitt: „... geht es um ein neues Handyverbot an Bayerns Schulen" verweist auf die Überschrift: „Handyverbot an den Schulen". Dass es sich um Bayerns Schulen handelt, wird aber nicht direkt gesagt.*

c) Welche Angabe zum Text fehlt im Einleitungssatz? Formulieren Sie selbst einen Einleitungssatz.

2 ***Schreiben Sie nun eine vollständige Inhaltsangabe zu dem Text. Orientieren Sie sich dabei auch an der folgenden Arbeitstechnik:***

Arbeitstechnik – Eine Inhaltsangabe zu einem Sachtext schreiben

1. Lesen Sie den Text nach der 5-Schritt-Lesetechnik.
2. Ordnen Sie Ihre Notizen entsprechend der Gliederung: **Einleitung, Hauptteil, Schluss**. Die Einleitung enthält Angaben zu Autorin/Autor, Titel, Quelle, Erscheinungsdatum und Thema des Textes. Im Hauptteil geben Sie die wichtigsten Aussagen des Autors sachlich wieder. In einem Schlusssatz können Sie z. B. die Meinung des Autors (wenn enthalten) zusammenfassen.
3. Schreiben Sie die Inhaltsangabe im **Präsens** (Kapitel 2, S. 40).
4. Nutzen Sie zur Wiedergabe von Aussagen des Autors die **indirekte Rede** (Kapitel 2, S. 43), so machen Sie deutlich, dass Sie die Ausführungen eines anderen zusammenfassen.

Den Inhalt exzerpieren

Manchmal sucht man gezielt nach Informationen zu einem Thema und hat einen oder vielleicht mehrere Texte dazu vorliegen. Dann ist es sinnvoll, nur die gewünschten Informationen herauszusuchen und zusammenzufassen. Diese Methode nennt man auch Exzerpieren (Kapitel 9, S. 132).

MOBILFUNK: Wissen Sie, wie Ihr Handy funktioniert?

Sicherlich besitzen auch Sie ein Handy. Sie sind es gewohnt, immer erreichbar zu sein. Aber haben Sie sich schon einmal gefragt, wie es funktioniert, dass Sie von den unterschiedlichsten Plätzen aus telefonieren können?

Wenn Sie Ihr Handy benutzen, werden Gespräche, SMS oder Bilder als Funksignale übertragen. Das funktioniert allerdings nur, wenn wir uns innerhalb eines Mobilfunknetzes bewegen. Jeder Provider unterhält dabei sein eigenes Netz.

Das gesamte Mobilfunknetz ist in einzelne kleinere Gebiete unterteilt, die so genannten Funkzellen. Jede dieser Funkzellen hat eine eigene Mobilfunkanlage (Basisstation). Dabei kann die Größe der einzelnen Funkzellen variieren. Sie hängt vor allem ab von der Geländestruktur und der Anzahl der möglichen Teilnehmer. Im Flachland kann die Größe der Funkzelle bei kleiner Teilnehmerzahl größer gewählt werden (vielleicht über 20 km) als in engen Tälern oder in Straßenschluchten zwischen Hochhäusern. Ein Mobilfunknetz braucht also viele Mobilfunkanlagen. Je mehr Menschen den Mobilfunk nutzen und je mehr Daten dabei verschickt werden, desto mehr Mobilfunkanlagen werden benötigt.

Zum Mobilfunknetz gehört auch ein zentraler Computer, der mit den einzelnen Mobilfunkanlagen verbunden ist. Denn die Funksignale, die die Handyantenne sendet und empfängt, werden von der Mobilfunkanlage in der Funkzelle, in der Sie sich gerade aufhalten, empfangen und an den zentralen Computer weitergeleitet.

Jedes eingeschaltete Handy meldet sich in regelmäßigen Abständen mit einem kurzen Funksignal bei der Mobilfunkanlage, die seine Funkzelle versorgt. Wenn Sie eine Funkzelle verlassen und in die nächste wechseln, meldet Ihr Handy sich automatisch bei der Mobilfunkanlage der neuen Funkzelle an. Die Mobilfunkanlage gibt diese Information an den zentralen Computer weiter, und der weiß dann, wo Ihr Handy sich gerade befindet. So kann er jeden Anruf zu Ihnen weiterleiten.

(Bundesamt für Strahlenschutz, „Mobilfunk: Wie funktioniert das eigentlich?“, Salzgitter, 05/2006)

1 ***Exzerpieren Sie den Text mit dem Ziel, die Funktionsweise des Mobilfunks einem anderen erläutern zu können. So können Sie vorgehen:***

a) Suchen Sie im Text nach wichtigen Aussagen und notieren Sie diese in verkürzter Form auf einer Karteikarte (Beispiel: gelb markierte Textstellen). Notieren Sie außerdem Ihnen unbekannte Begriffe, die Sie im Internet oder in einem Lexikon nachschlagen wollen (Beispiel: grün markierte Textstelle).

b) Überlegen Sie, ob Ihnen die Informationen zur Lösung der Aufgabe ausreichen. Notieren Sie sich offene Fragen.

c) Suchen Sie im Internet oder in Zeitschriften nach weiteren Texten zum Thema. Exzerpieren Sie diese. Vergessen Sie nicht, sich auch die Quellen zu notieren.

d) Fassen Sie alle Informationen zur Funktionsweise des Mobilfunks zusammen.

Den Inhalt visualisieren

Technische Beschreibungen lassen sich oft besser durch eine Skizze als durch einen Text zusammenfassen. Diese Technik nennt man „Visualisieren“. Visualisierungen eignen sich besonders gut für Vorträge oder Präsentationen.

Mobilfunk – wie funktioniert das?

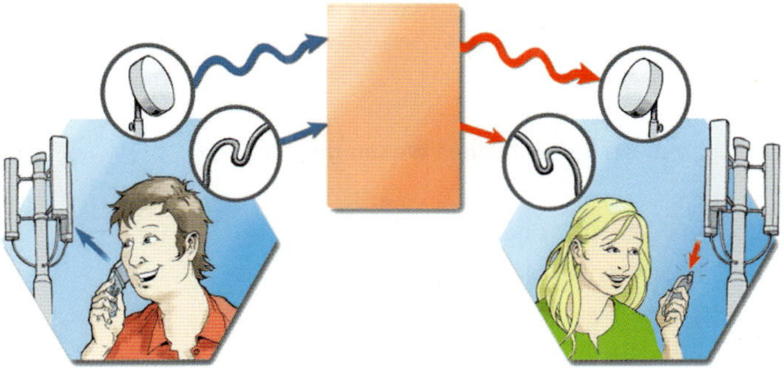

1 *Beschreiben Sie das Schaubild. Welche Informationen zur Wirkungsweise des Mobilfunks (➪ Text, S. 58) finden Sie darin zusammengefasst, welche fehlen Ihrer Meinung nach?*

2 *Nennen Sie weitere Möglichkeiten, wie sich Informationen visualisieren lassen.*

3 *Entwerfen Sie mithilfe Ihrer Informationen (➪ Aufgabe 1, S. 58) ein eigenes Schaubild zum Thema: „Mobilfunk – wie funktioniert das?“*

Zwischenfazit

- Inhaltsangabe verfassen:
  Inhalt eines Textes zusammenfassen: Einleitung, Hauptteil, Schluss schreiben
- Exzerpieren:
  Gezielt Informationen zu einem Thema verkürzt mit eigenen Worten zusammenfassen
- Visualisieren:
  Informationen in einem Schaubild zusammenfassen

Textsorten erkennen

Wenn Sie im Internet Informationen zu einem Thema suchen, sollten Sie auf Folgendes achten: Für welche Zielgruppe und zu welchem Zweck wurden die Informationen verfasst, aus welcher Quelle stammen sie? Nach Eingabe der Stichworte „Handy" und „Sucht" findet Ihre Suchmaschine z. B. die folgenden Texte:

Text 1

Studie: Handys machen süchtig
Entzugserscheinungen bei Trennung – Telefon wird als menschliches Wesen gesehen

Das Leben ohne Handy ist für immer mehr Menschen offenbar eine beängstigende Vorstellung. Wie eine in London veröffentlichte Studie im Auftrag des Telekommunikationsunternehmens Virgin Mobile ergab, fühlte sich die überwiegende Mehrheit der Befragten schon bei kurzer Trennung vom Mobiltelefon unter Stress gesetzt. 90 Prozent gaben an, mindestens einmal pro Stunde ihr Handy zu benutzen. Vier von fünf Befragten fühlten sich unwohl, wenn ihr Telefon für längere Zeit nicht in Reichweite war. 84 Prozent gaben an, ihr Handy nie aus den Augen zu lassen.
„Die Menschen betrachten ihr Mobiltelefon als menschliches Wesen; es symbolisiert für sie Kontakt, Freundschaft und Aufmerksamkeit", kommentierte der Suchtexperte David Nott aus Southampton das Ergebnis der Studie, für die rund 2000 Handynutzer befragt wurden.

(AFP, 26.01.2006)

Text 2

Einmal süchtig, immer süchtig
Von Karl Kruse

Als hätten wir es nicht schon gewusst: Telefonieren macht süchtig! Das allein ist ja schon schlimm genug. Wenn man sich aber vor Augen hält, dass 90 Prozent der Befragten mindestens einmal in der Stunde das Handy benutzen, ja benutzen wollen, muss man sich über die Zukunft unserer Gesellschaft ernsthaft Sorgen machen. Wer soll denn demnächst eine dreistündige Operation durchführen, wer einen Opernabend überstehen, wenn schon die kurze Trennung vom Handy Stress verursacht? Schon jetzt geben die Krankenkassen enorm viel Geld für die Behandlung von Suchtkranken aus. Wenn Handysucht als neue Krankheit dazukommt, darf man sich nicht wundern, wenn unser Gesundheitssystem endgültig bankrottgeht. Ein Handyverbot an Schulen ist deshalb das Mindeste, was eine Gesellschaft tun kann, um sich vor solchen Fehlentwicklungen zu schützen.

Auch Internettexte lassen sich entsprechend ihren inhaltlichen Merkmalen sowie den Wirkungsabsichten in **tatsachenbetonte** (z. B. Nachricht) oder **meinungsbetonte Textsorten** (z. B. Kommentar, Glosse) unterscheiden (Kapitel 3, S. 52). Allerdings ordnen Suchmaschinen die zu einem Stichwort gefundenen Beiträge und Links nicht nach solchen Kriterien. Die Texte können außerdem aus den verschiedensten Quellen stammen, z. B. aus Onlinezeitungen, Onlineseiten der Rundfunk- und Fernsehanstalten, Internetlexika, Schülerprojekten, Universitäten, Forschungseinrichtungen, Internetforen, Chats, von Bildungsservern, von Behörden und Verbänden, von Werbefirmen.

Um die Eignung eines Textes für eine weitere Verwendung besser einschätzen zu können, sollten Sie mehrere Textangebote vergleichen und bewerten. So können Sie vorgehen:

1 *Vergleichen Sie die beiden Texte zum Thema „Handy und Sucht“ hinsichtlich ihrer Gemeinsamkeiten und Unterschiede (Kapitel 10, S. 143).*

a) Notieren Sie zu jedem Text die wichtigsten Aussagen stichwortartig.
b) Benennen Sie Gemeinsamkeiten der zwei Texte.
c) Worin unterscheiden sich die Texte? Nennen Sie mindestens drei Unterschiede.

2 *Untersuchen Sie die Texte im Hinblick auf Sachlichkeit bzw. auf Meinungsäußerung.*

a) Welche Aussagen der Artikel lassen sich überprüfen, welche werden ohne Quellenangabe behauptet?
b) In welchem Text bezieht ein Autor konkret Stellung?
c) Welche Aussagen dieses Textes (siehe b) drücken eine persönliche Meinung des Autors aus?

3 *Machen Sie sich Gedanken über die Ziele und Wirkungsabsichten der Autoren.*

a) Welches Ziel verfolgt der Autor jeweils mit seinem Artikel? Vergleichen Sie dazu auch die Überschriften von Text 1 und Text 2; welchen Zweck sollen sie erfüllen?
b) Welche Zielgruppe (Leserin/Leser) soll jeweils angesprochen werden? Begründen Sie Ihre Meinung.

4 *Beurteilen Sie die beiden Texte hinsichtlich der Verwendbarkeit für Sie.*

a) Bestimmen Sie die jeweilige Textsorte.
b) Welcher Text könnte Ihnen besonders helfen, wenn Sie ein Referat zum Thema „Handy und Sucht“ halten wollten? Begründen Sie Ihre Entscheidung.
c) Formulieren Sie drei Fragen, die Ihres Erachtens für das Thema wichtig sind, von den Texten aber nicht beantwortet werden.
d) Auf welchen Text würden Sie sich beziehen, um einen eigenen Kommentar zum Thema „Handy und Sucht“ zu verfassen? Begründen Sie.

5 *In einigen Tageszeitungen gibt es die Rubrik „Jetzt rede ich“, in der Jugendliche sich zu einem bestimmten Thema äußern können. Schreiben Sie einen eigenen Kommentar zum Thema „Handysucht“. Gehen Sie dabei auch auf das geforderte Handyverbot an Schulen ein.*

Eine Sachtextanalyse schreiben

Im folgenden Text beschäftigt sich ein Autor mit dem Thema „Handy" auf eine/seine ganz besondere Art. Lesen Sie den Text gründlich.

Scharfes Handy

Harald Martenstein bleibt seinem Sohn etwas schuldig

Vor Weihnachten sagte das Kind sinngemäß: „Ich wünsche mir von ganzem Herzen ein Handy GX10i von Sharp. Es kostet 250 Euro. Man bekommt es bei eBay. Mein Lebensglück hängt davon ab." Das Kind besitzt schon seit Jahren ein Handy, Marke Trium. Aus dem schönen Korea. Ich selber besitze ein Siemens S45. Es kann nicht Motorrad fahren und keine Susan-Sontag*-Texte übersetzen. Es kann nicht einmal fotografieren. Es ist nur ein ehrliches, braves Handy vom Lande, das versucht, seine Arbeit zu tun.

Ich gab zur Antwort: „Wenn ein Zwölfjähriger ein teureres Handy besitzt als sein Vater, wird die natürliche göttliche Ordnung der Dinge, wie sie seit Millionen von Jahren besteht, auf den Kopf gestellt. Wenn heute die Kinder teurere Handys besitzen als ihre Eltern, dann wird es morgen Frösche regnen, die Fische werden an Land kommen, die Flüsse werden Jungfrauenblut führen statt Wasser und den Bäumen werden Bärte aus Menschenhaar wachsen."

Das Kind erwiderte: „All dies, was du beschrieben hast, nehme ich gerne in Kauf, Vater, sofern ich nur recht bald das GX10i von Sharp bekomme." Ich ging zum Schulhof. In den Pausen ziehen alle Zwölfjährigen silberne Handys aus den Taschen, klappen sie auf; denn es sind alles aufklappbare, zeigen einander die Displays, führen Klingelgeräusche vor oder rezitieren mit der Inbrunst frisch Verliebter aus der Gebrauchsanweisung. Sie telefonieren mit den Handys nicht. Wozu auch? Zwölfjährige aus bürgerlichen Verhältnissen haben relativ wenig zu telefonieren, sie führen keine Wochenendbeziehung, sie betreiben kein Networking, sie brauchen nicht mal den ADAC-Pannendienst. Andererseits: Eine Rolex trägt man nicht, weil man auf die Uhrzeit neugierig ist. Mit Handys verhält es sich genauso. Handys sind das Präpubertierendenstatussymbol Nummer eins.

Das Kind bekam zu Weihnachten ein Nokia 3590i. Besser als Trium. Billiger als 250 Euro. Es ist nicht aufklappbar. Das Kind sagte sinngemäß:

„Weil du dich bisher nach besten Kräften bemüht hast, mir ein guter Vater zu sein, will ich dir für dieses Mal verzeihen. Auf dem Schulhof werden sie deinen Sohn mit Spott überschütten, ich aber will meines braven Vaters gedenken und alle Erniedrigungen tapfer aushalten. In der göttlichen Ordnung der Dinge aber steht geschrieben, dass bald Ostern ist. Unser Patenkind in Bolivien wird sich über das Nokia 3590i freuen. Die GX10i von Sharp werden im Preis sinken. Zu Ostern. Das ist gewiss."

Ich traf unseren Amerika-Korrespondenten. Er legte sein Handy auf den Tisch. Es war mit Tesafilm geflickt, groß wie eine Salatgurke und schwer wie ein Kasten böhmisches Bier. Es ist ein original Siemens E10D, Baujahr 1923, mit Dieselmotor. Der Korrespondent sagte: „Alle beneiden mich. Es fängt jetzt nämlich überall mit der Handy-Nostalgie an." Die schwarzen Bakelit-Telefone aus den Fünfzigern sind ja schon länger ein Hit. Bald werden sie in Korea Nostalgie-Handys bauen, bei denen zur vollen Stunde ein geschnitzter Kuckuck aus dem Display heraushüpft und das Schlesierlied singt.

Wenn ich mal tot bin, bekommt mein Sohn das Siemens S45.

(DIE ZEIT, Jg. 47, Nr. 4, 15. Januar 2004)

* Susan Sontag (1933–2004): US-amerikanische Schriftstellerin und politisch engagierte Intellektuelle

Zu dem Text „Scharfes Handy“ wurden in einer Klasse zunächst folgende Inhaltsangaben formuliert:

Muster

Christoph schreibt: *In dem Text geht es um einen typischen Vater-Sohn-Konflikt: Der Sohn möchte zu Weihnachten ein ganz besonderes neues Handy haben und der Vater ist nicht bereit, ihm dieses Handy zu besorgen. Stattdessen kauft der Vater ein billiges Handy. Der Junge befürchtet, wegen seines uncoolen Handys in der Schule verspottet zu werden. Das interessiert den Vater aber nicht. Im letzten Abschnitt behauptet er sogar, sein altes Handy würde später mal wertvoll werden.*

Lena schreibt: *Der Autor, Harald Martenstein, thematisiert in seiner Glosse die Bedeutung der Handys für die Jugendlichen von heute. Am Beispiel seines Sohnes zeigt er auf, wie enorm wichtig Marke und Aussehen des Handys für den Status eines Jugendlichen in seiner Gruppe sind. Natürlich stellt Martenstein alles nur aus der Perspektive eines Erwachsenen dar. Deshalb hat man das Gefühl, dass er sich über die Jugendlichen lustig macht.*

1 ***Lesen und beurteilen Sie die beiden Inhaltsangaben.***

a) Untersuchen Sie, ob die inhaltlichen Aussagen des Textes von Harald Martenstein sachlich richtig zusammengefasst wurden. Notieren Sie Ihr Ergebnis.

b) Schreiben Sie auf, welche notwendigen Angaben jeweils fehlen.

c) Welche Aussagen reichen über die Angaben einer Inhaltsangabe hinaus?

2 ***Untersuchen Sie die beiden Texte weiter nach folgenden Gesichtspunkten:***

a) Erfahren Sie etwas über den Aufbau des Textes von Martenstein?

b) In welchem Text wird auf die Absicht eingegangen, mit der Martenstein seinen Artikel geschrieben haben könnte? Nennen Sie die entsprechende Textstelle.

3 ***Setzen Sie sich nun selbst mit Martensteins Text auseinander.***

a) Lena bezeichnet Martensteins Text als „Glosse“. Informieren Sie sich auf S. 52 über diese Textsorte. Erläutern Sie am Text, ob Lena Recht hat.

b) Welche Absicht verfolgt Ihrer Meinung nach Martenstein? Schreiben Sie Ihre Begründung auf.

c) Notieren Sie, an welche Leser der Text Ihres Erachtens gerichtet ist.

Basiswissen **Sachtextanalyse**

Eine Sachtextanalyse geht über die Inhaltsangabe hinaus. Es wird nicht nur untersucht, **was** ein Autor geschrieben hat, sondern auch, **wie** er versucht, mit seinem Text zu informieren, zu unterhalten, zu überzeugen oder zu beeinflussen. Elemente einer schriftlich dargestellten Textanalyse sind:

- **Einleitungssatz:** Autorin bzw. Autor, Titel, Textsorte, Quelle, Erscheinungsdatum, Thema
- **Hauptteil:** Inhalt und Aufbau des Textes, Absicht der Autorin/des Autors, sprachliche Mittel, angesprochene Zielgruppe des Textes
- **Schluss:** persönliche Bewertung der Leserin bzw. des Lesers

Nach weiterer intensiver Beschäftigung mit dem Text haben Lena und Christoph die folgende Sachtextanalyse verfasst. Die Aufgabe lautete: Schreiben Sie zu dem Artikel von Harald Martenstein eine Sachtextanalyse.

Muster

Die Glosse „Scharfes Handy“ von Harald Martenstein ist am 15. Januar 2004 in der Wochenzeitung „Die Zeit“, Jahrgang 47, Nr. 4 erschienen.

Der Autor thematisiert die Bedeutung der Handys für die Jugendlichen von heute. Am Beispiel seines Sohnes zeigt er auf, wie enorm wichtig Handymarke und Aussehen für den Status eines Jugendlichen in seiner Gruppe sind.

Anlass für den Artikel ist der Weihnachtswunsch seines Sohnes. Der Zwölfjährige wünscht sich ein neues teures Handy eines bestimmten Herstellers. Zunächst versucht der Vater, seinem Sohn den Wunsch auszureden. Dann schenkt er ihm ein preiswertes Handy eines anderen Herstellers. Doch der Sohn gibt sich damit nicht zufrieden. Der Leser erfährt aber nicht, ob sich der Sohn langfristig durchsetzen wird. Vielmehr endet der Autor mit dem Gedanken, dass sein Handy an Wert gewinnen werde, sollten Nostalgie-Handys in Mode kommen.

Gleich zu Beginn des Textes macht der Autor deutlich, dass es ihm nicht um eine private Auseinandersetzung zwischen ihm und seinem Sohn geht, sondern um ein allgemeines Problem zwischen Eltern und ihren pubertierenden Kindern. Er spricht nicht von „meinem“ Kind, sondern von „dem“ Kind, und sagt gleich im ersten Satz, dass er das Kind nur sinngemäß zitiert. Dieser Eindruck wird durch weitere sprachliche Besonderheiten verstärkt. So ist die Sprache des Jungen nicht die normale Umgangssprache Jugendlicher, sondern eine sehr abgehobene Schriftsprache. Sie unterscheidet sich damit auch von der Sprache der Überschrift „Scharfes Handy“, die einen anderen Sprachstil erwarten lässt.

Bestimmend für den gesamten Artikel aber ist der ironische Unterton. Alles wird übertrieben dargestellt. Das Handy des Sohnes kommt „aus dem schönen Korea“, das des Autors: „Es kann nicht Motorrad fahren ... Es kann nicht einmal fotografieren.“ Die Klimax verstärkt diese Wirkung. Auch die Personifizierung des Handys als „ehrliches, braves Handy vom Lande, das versucht, seine Arbeit zu tun“ ist Ausdruck einer ironischen Haltung des Autors.

Ironie ermöglicht neue Sichtweisen. Der Autor ermöglicht es dem Leser, möglicherweise betroffenen Müttern und Vätern, das Problem einmal aus einer anderen Perspektive zu betrachten. Denn nicht nur die Jugendlichen werden ironisch dargestellt, Martenstein zeigt auch ein großes Maß an Selbstironie. Dadurch vermeidet er es, für eine der beiden Gruppen Partei zu ergreifen. Und aus der Distanz betrachtet, ist das dargestellte Problem auf einmal nicht mehr so ernst, sondern hat auch sehr komische Züge. Das macht einerseits nachdenklich und wirkt andererseits sehr unterhaltsam.

1 ***Untersuchen Sie die Musteranalyse.***

a) Überprüfen Sie, welche Passagen der Texte von Christoph oder Lena (S. 63) für die Textanalyse übernommen und welche Ergänzungen vorgenommen wurden.

b) Wie ist die Analyse gegliedert? Benennen Sie die Elemente: Einleitung, Inhalt und Aufbau, Absicht und sprachliche Mittel sowie persönliche Bewertung. Schreiben Sie sich die entsprechenden Nummern der Textzeilen auf.

c) Wie beurteilen Sie die persönliche Bewertung? Formulieren Sie eine eigene Bewertung.

Arbeitstechnik | Sprachliche Mittel und ihre Wirkung untersuchen

Wenn Sie einen Text in Bezug auf seine sprachliche Gestaltung untersuchen, dann achten Sie besonders auf:

- die **Wortwahl:** seltene, unerwartete Wörter, Zusammensetzungen, Wortgruppen, Wiederholungen, Wortspiele, Vergleiche, Metaphern, Personifikationen (➪ Kapitel 5, S. 70, 71)
- den **Satzbau:** kurze, lange, unvollständige Sätze
- die **Sprachebenen,** z. B.: Umgangssprache, gehobene Sprache, Dialekt

Sie erläutern anschließend die Wirkung der sprachlichen Mittel in Verbindung mit den inhaltlichen Aussagen.

2 ***Untersuchen Sie die Verwendung und Wirkung der sprachlichen Mittel im Text „Scharfes Handy". Vergleichen Sie Ihre Ergebnisse mit der Musteranalyse.***

a) Notieren Sie alles, was Ihnen an sprachlichen Besonderheiten im Text auffällt (➪ Arbeitstechnik).

b) Einige Aussagen des Autors muss man „übersetzen", um zu verstehen, was er meint.
Formulieren Sie mit eigenen Worten, was mit den folgenden Aussagen gemeint sein könnte:
- „Ich selber besitze ein Siemens S 45. Es kann nicht Motorrad fahren und keine Susan-Sontag-Texte übersetzen."
- „Wenn heute die Kinder teurere Handys besitzen als ihre Eltern, dann wird es morgen Frösche regnen ..."
- „Zwölfjährige aus bürgerlichen Verhältnissen ... brauchen nicht mal den ADAC-Pannendienst."
- „Es ist ein original Siemens E 10D, Baujahr 1923, mit Dieselmotor."

c) Schreiben Sie die folgende Tabelle ab. Ordnen Sie die von Ihnen gefundenen sprachlichen Besonderheiten (Aufgabe a) diesen rhetorischen Mitteln zu oder suchen sie entsprechende Textbeispiele. Vergleichen Sie mit dem Musteraufsatz. Ergänzen Sie entsprechend die Tabelle.

Rhetorisches Mittel	Textbeispiel	Wirkung
Gehobene Sprachebene	„Weil du dich bisher ... bemüht hast, mir ein guter Vater zu sein, will ich dir für dieses Mal verzeihen." (Z. 42 – 44)	verfremdend (passt nicht zu Zwölfjährigem)
Anapher (aufeinanderfolgende Sätze beginnen mit den gleichen Worten)		
Ellipse (Telegrammstil – Wörter werden ausgelassen)		
Klimax (Wort- oder Satzreihe mit Steigerung)		
Vergleich		
Hyperbel (starke Übertreibung)		
Personifikation (Dingen werden menschliche Eigenschaften zugeschrieben)		

Papier statt Plastik: Handy zum Wegwerfen

Design-Konzept für Reisende, die im Ausland billig telefonieren wollen

Sechs asiatische Designer haben ein Konzept für ein Billig-Handy zum Wegwerfen entwickelt. Es soll wenig kosten und damit vor allem für Reisende ein interessantes Angebot darstellen. Statt Roaming-Gebühren fürs eigene Handy zu bezahlen, soll die Kundschaft im Ausland ein voll funktionstüchtiges Papier-Handy für wenig Geld kaufen und damit sofort lostelefonieren können.

Als Vorlage dient das aus der Getränkeindustrie bekannte Tetrapak, das den Rahmen für das Handy bilden soll. Das Material ist robust und trotzdem recycelbar. Im Innern soll ebenfalls wiederverwertbare Technik stecken, Details sind jedoch nicht bekannt. Das Wegwerf-Handy hat Tasten aus Papier, die mit LED-Leuchten illuminiert werden. Auch das Display scheint mit LEDs beleuchtet zu sein, es gibt jedoch keine genauen Angaben dazu.

Ideal soll das Handy auch für die Werbeindustrie sein, die jederzeit ihre bunten Bildchen auf die Hülle des Spielzeugs drucken könnte. Idealerweise sollte das Milchtüten-Handy an Flughäfen, Museen oder in privaten Geschäften verkauft werden. Nach dem Kauf muss der Nutzer nur entlang der gepunkteten Linie das Handy aufreißen und schon kann er die Nummer wählen und lossprechen. Nun bleibt abzuwarten, ob die Idee eines Tages umgesetzt wird und entsprechende Geräte auf den Markt kommen.

(Yvonne Göpfert, 08.06.2006, http://www.golem.de/0606/45789.html)

1 ***Schreiben Sie zu dem Text oben eine kurze Sachtextanalyse.***
Beantworten Sie sich beim Untersuchen des Textes auch die Frage, was die Verfasserin von der Idee der Designer hält. Belegen Sie Ihr Ergebnis am Text.

Fazit

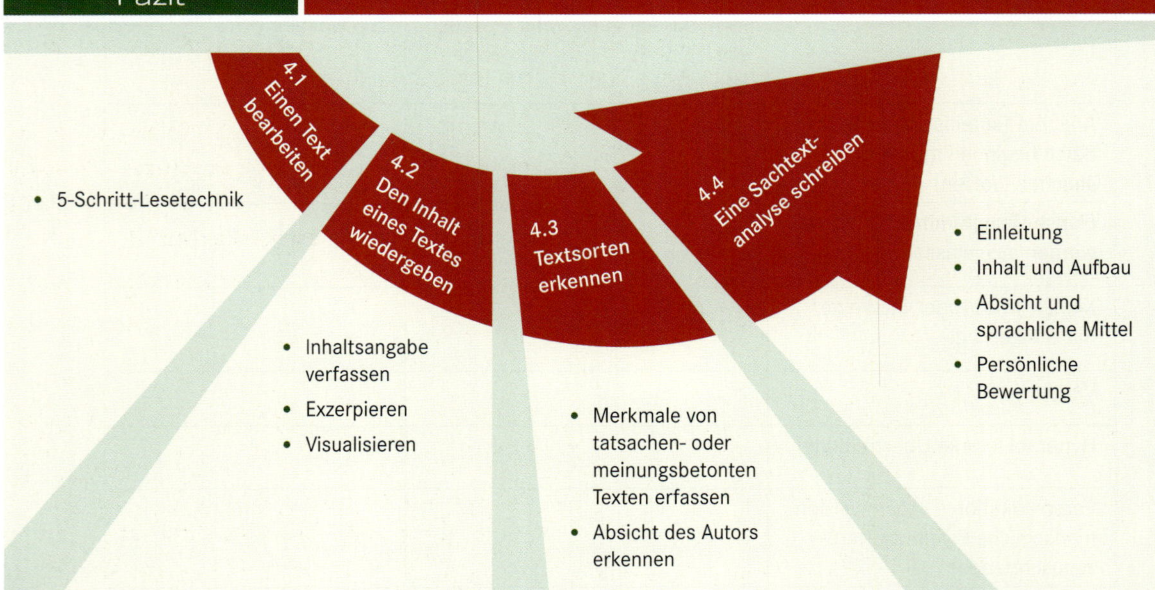

Kapitel 5

Literarische Texte – erste Schritte zur Textinterpretation

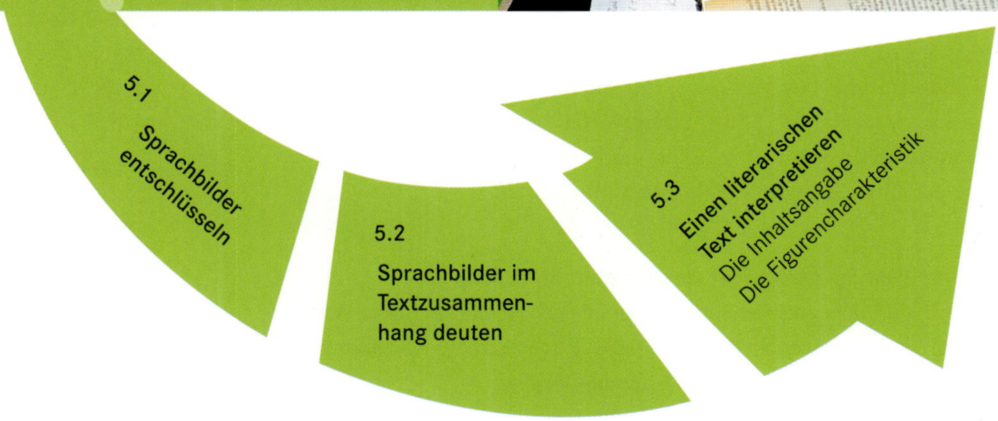

Schön wie ..., dumm wie ..., er ist ein ... Sprachbilder sind in unserer Alltagssprache oft zu finden. Sie dienen der Veranschaulichung einer sprachlichen Äußerung. In der Literatur finden wir besonders häufig in Gedichten, aber auch in epischen Texten Metaphern, Vergleiche und andere Sprachbilder.

Um das Mitgeteilte genau zu verstehen, müssen wir die Sprachbilder entschlüsseln. Das Entschlüsseln und Deuten von Sprachbildern ist ein zentraler Aspekt der Textinterpretation.

In diesem Kapitel deuten Sie Sprachbilder aus dem Alltag und in der Literatur. Als weitere zentrale Aspekte der Textinterpretation bearbeiten Sie die Inhaltsangabe und die Figurencharakteristik.

Was ich aus anderen Kapiteln weiß

- ✔ Sprache setzt sich aus verbalen und nonverbalen Signalen zusammen (➪ Kapitel 1).
- ✔ Es gibt einen Sender, der etwas mitteilt, und einen Empfänger, der die Mitteilung interpretiert (➪ Kapitel 1).
- ✔ Literarische Texte nennt man auch fiktionale Texte; sie werden erdacht und lassen oft mehrere Deutungsmöglichkeiten (Interpretationen) zu (➪ Kapitel 3).
- ✔ Vergleiche und Personifikationen sind sprachliche Mittel, um eine Aussage anschaulicher zu gestalten (➪ Kapitel 4).

Sprachbilder entschlüsseln

Vergleiche und Metaphern in der Alltagssprache

In unserer Alltagssprache verwenden wir häufig Sprachbilder. Wir vergleichen z. B. Personen mit Dingen oder Tieren, wir beschreiben Stimmungen und Gefühle mit bildhaften Worten und Redensarten.

Dumm wie ein Sack Zement

Von Yasemin Meier

Zwei Geschwister streiten sich, der Bruder sagt zu seiner kleinen Schwester: „Du siehst aus wie ein gerupftes Huhn." Daraufhin meint die Schwester beleidigt: „Und du bist doof wie Stroh." Als die Eltern hinzukommen, schimpfen sie mit den Kindern: „Ihr seid doch zwei solche Streithähne!" Sprichwörter gehören so selbstverständlich zu unserer Sprache wie Zahnpasta zu einer Zahnbürste.

Auch Sprichwörter wie „Was sich liebt, das neckt sich" oder Ausdrücke wie „Holzkopf" gehören zum deutschen Sprachschatz. Diese Sprichwörter oder metaphorischen Ausdrücke drücken meistens eine Unart oder einen Teil des Charakters aus, und zwar eher im negativen als im positiven Sinn. Genauso wie mit dem Wort „Holzkopf" kann man Leuten auch mit dem Wort „Betonkopf" zu nahe treten. Die so Angesprochenen werten es als Beleidigung, mit Beton verglichen zu werden. Das Gleiche gilt für Anwürfe wie „Du bist dumm wie ein Sack Zement" oder „Du bist stur wie Beton".

Warum hat Beton im Sprachgebrauch so einen negativen Beigeschmack? „Stur wie Beton", diesen Vergleich kann man noch nachvollziehen. Aber was hat Beton mit Dummheit zu tun? Beton wird von den meisten Menschen generell eher als etwas Schlechtes angesehen. Wenn die Leute an Beton denken, denken sie an etwas Tristes, Graues.

(Frankfurter Rundschau, 05.03.2005)

1 ***Untersuchen Sie die im Text verwendeten Sprachbilder.***

a) Listen Sie die verwendeten Sprachbilder in einer Tabelle auf (siehe Muster).

b) Welche Vergleiche werden durch die Bilder hergestellt, welche Informationen werden damit übermittelt? Ergänzen Sie entsprechend dem Muster die Tabelle.

Sprachbilder	Vergleich/Information	Bedeutung
„Du siehst aus wie ein gerupftes Huhn." (Z. 2, 3) ...	Aussehen = gerupftes Huhn ...	zerzaustes, erbärmliches Aussehen ...

2 ***Untersuchen Sie Ihre Alltagssprache. Welche bildhaften Wörter und Redewendungen verwenden oder kennen Sie? Was bedeuten sie?***

a) Tragen Sie in der Gruppe bildhafte Wörter und Redewendungen aus Ihrer Alltagssprache zusammen. Schreiben Sie diese auf Plakatpapier.
Beispiel: *ein schwarzes Schaf sein*

b) Formulieren Sie auf einem weiteren Plakatpapier die „Übersetzung" (Bedeutung) des Sprachbildes.
Beispiel: *Außenseiter*

c) Ordnen Sie in der Klasse jedem Sprachbild eine entsprechende Bedeutung zu.

d) Notieren Sie unterschiedliche „Übersetzungen", diskutieren Sie Gründe dafür.

Vergleiche und Metaphern in der Literatur

In der Literatur finden wir viele sprachliche Bilder. Ihre Deutung hilft uns, Texte zu verstehen.

Antonio Skármeta: Mit brennender Geduld

Der Romanausschnitt beginnt damit, dass der chilenische Dichter Pablo Neruda keine Zeit für den Briefträger Mario hat. Mario gelingt es dennoch, den Dichter in ein Gespräch zu verwickeln – über Metaphern.

Neruda machte sich über seine Geldbörse her und entnahm ihr einen Schein der Kategorie „mehr als üblich". Weniger über den Betrag als über die plötzliche Entlassung betrübt, sagte der Briefträger „danke", und seine Traurigkeit ließ ihn so stocksteif stehen bleiben, dass es schon besorgniserregend wirkte. Den Dichter, der wieder ins Haus gehen wollte, ließ solch auffällige Beharrlichkeit nicht ungerührt.

„Was ist los mit dir?" [...] „Du stehst da wie ein Laternenpfahl." Mario wandte den Kopf und suchte von unten die Augen des Dichters.

„Eingerammt wie eine Lanze?"

„Nein, still wie ein Turm auf dem Schachbrett."

„Noch unbeweglicher als eine Katze aus Porzellan?" Neruda nahm die Hand vom Türgriff und strich sich über das Kinn.

„Mario Jiménez, neben den *Elementaren Oden* habe ich noch sehr viele bessere Bücher. Es ist nicht recht von dir, mich mit allen möglichen Vergleichen und Metaphern hinzuhalten."

„Mit was, Don Pablo?"

„Metaphern, Mann."

„Was ist das?" Der Dichter legte dem Jungen eine Hand auf die Schulter.

„Um es dir ungefähr klarzumachen: Es ist eine Art, etwas auszudrücken, indem man es mit etwas anderem vergleicht."

„Zum Beispiel?" Neruda sah seufzend auf seine Uhr.

„Also gut, wenn du sagst ‚der Himmel weint', was willst du damit sagen?"

„Ist doch klar! Dass es regnet, natürlich."

„Na also, das ist eine Metapher."

„Und warum hat eine so einfache Sache einen so komplizierten Namen?"

„Weil die Namen nichts mit der Einfachheit oder Kompliziertheit einer Sache zu tun haben. Nach dieser Theorie dürfte ein kleines Ding, das fliegt, nicht so einen langen Namen wie Schmetterling haben. Denk nur mal, dass Elefant viel weniger Buchstaben hat, aber ein viel größeres Tier ist und nicht fliegt", sagte Neruda erschöpft. Und mit einer letzten Willensanstrengung wies er Mario höflich, aber bestimmt den Weg zur Bucht. Doch der Briefträger fand noch Zeit zu bemerken: „Verdammt, ich würde furchtbar gern Dichter sein."

1 ***Schreiben Sie aus dem Text die Vergleiche und Metaphern heraus und formulieren Sie eine entsprechende „Übersetzung". Arbeiten Sie mit einer Tabelle.***

Vergleich/Metapher	Information/Bild
stocksteif (Z. 3)	sehr gerade und unbeweglich dastehen ...

2 ***Formulieren Sie in eigenen Worten, wie Pablo Neruda erklärt, was eine Metapher ist.***

Vergleiche und Metaphern

Sprache und Stil

1 ***Falsche, unpassende Vergleiche und Metaphern können zu Irrtümern führen.***

a) Notieren Sie, welche Wirkung die folgenden Sätze auf Sie haben.
Gehen Sie davon aus, dass Sie die Person gerade erst kennen lernen.

- Ich muss dir gestehen, dass ich dich attraktiv wie einen Sahnepudding finde.
- Wenn ich dich sehe, ist mir, als ob in meinem Magen Milch zu Quark gerinnt.
- Wir ergänzen uns wie das Kompott den Pfannkuchen.
- Gern würde ich dich vernaschen, meine Zuckerpuppe.

b) Ersetzen Sie die unpassenden Vergleiche und Metaphern durch angemessene.

2 ***Aussagen werden durch Sprachbilder anschaulicher.***

a) Ergänzen Sie die folgenden Aussagen durch Vergleiche und Metaphern.
Beispiel: *Ich habe Kopfschmerzen. – Ich spüre einen ständigen stechenden Schmerz, der sich in mein Gehirn zu bohren scheint.*

- Im Urlaub regnete es die ganze Zeit sehr stark.
- Es ist heiß gewesen.
- Der Motor meines Autos macht ein seltsames Geräusch.
- Er ist zu schnell gefahren.

b) Vergleichen Sie die Sätze (mit und ohne Sprachbilder) mit Blick auf ihre Wirkung.

3 ***Schreiben Sie eine kurze Erzählung über eine Situation oder Begebenheit aus Ihrem Leben, die Ihnen besonders wichtig erscheint. Verwenden Sie möglichst viele Metaphern und Vergleiche. Stellen Sie Ihre Erzählung der Klasse vor.***

Basiswissen – **Vergleiche und Metaphern**

Zu jedem sprachlichen Ausdruck versucht der Mensch, in seiner Vorstellung ein Bild herzustellen, das die Bedeutung des Ausdrucks erschließt: Beispiel: H A U S – 

Auch zu jedem Sprachbild entsteht ein Bild im Kopf, bevor es gedeutet werden kann. Diese Deutung wird als Interpretation (Auslegung) bezeichnet.

Zur Gruppe der **Sprachbilder** zählen u. a. Vergleiche, Metaphern.

Der **Vergleich** verknüpft zwei Bedeutungsbereiche und hebt das Gemeinsame hervor.

Beispiel: *Der Innenverteidiger spielte* ***wie*** *ein Turm in der Abwehr.*

Die **Metapher** ist ein verkürzter **Vergleich ohne das Wort *wie***. Sie ist eine sprachliche Verknüpfung zweier Bedeutungsbereiche, die gewöhnlich unverbunden sind. Es entsteht ein neues Bild.

Beispiel: *Max ist ein Fuchs.*

1. Bedeutung (Bild 1): *kleines, hundeähnliches Raubtier*

2. Neue Bedeutung (Bild 2): *Schläue, List (Max ist schlau und listig.)*

Das Erkennen der jeweiligen Sprech- oder Schreibabsicht ist die Interpretationsleistung. Das heißt: Aus der jeweiligen Kommunikationssituation (Alltagsgespräch, Lesen eines Buches) heraus muss der Hörer oder Leser entscheiden, welche Bedeutung der Sprecher oder Schreiber gemeint hat.

Personifikation in Alltagssprache und Literatur

In der Zeitung lesen wir oft Sätze wie z. B. „Die Mehrwertsteuer frisst uns auf" oder „Die Wirtschaft erholt sich". Auch hier werden sprachliche Bilder verwendet, deren Bedeutung wir entschlüsseln.

1 ***Erschließen Sie die Bedeutung der folgenden Sätze:***
„Die Mehrwertsteuer frisst uns auf." „Die Wirtschaft erholt sich."

a) Notieren Sie die verwendeten Verben. Welche Bilder entstehen in Ihrer Vorstellung?

b) Erläutern Sie die Bedeutung der sprachlichen Bilder im Satzzusammenhang.

2 ***Suchen Sie ähnliche Beispiele (wie in Aufgabe 1) in Zeitungen und Zeitschriften. Sammeln Sie diese auf Plakatpapier und erläutern Sie sie Ihren Mitschülern.***

Basiswissen | **Personifikation**

Werden abstrakte Begriffe, unbelebte Erscheinungen, Gegenstände, Tiere oder Pflanzen in Gestalt von handelnden und/oder sprechenden Personen dargestellt, so nennt man das eine **Personifikation** (Vermenschlichung). Sie gehört wie der Vergleich und die Metapher zu den **Sprachbildern** (bzw. rhetorischen Figuren, ➪Kapitel 4, S. 65) und wird verwendet, um Aussagen anschaulicher und vorstellbarer zu gestalten.

Beispiele: *die Aktie fällt, der Vergleich hinkt, die Blume spricht, Vater Staat regelt alles, Mutter Natur ernährt uns*

Auch in einem der beiden folgenden Texte werden Personifikationen verwendet.

Text 1:

Am Donnerstag kommt es erst nach Südwesten, später auch weiter nach Norden und Osten bei einem Mix aus Sonne und Wolken zu örtlichen Schauern, zum Teil mit Blitz und Donner. Von Schleswig-Holstein und der Ostsee bis nach Sachsen sowie im Südosten Bayerns gibt es kaum Schauer und meist scheint dort die Sonne. 12 bis 17 Grad. [...]

Text 2:

Das an den vergangenen Tagen dominierende Schönwetterhoch Orania wandert allmählich südostwärts weiter. [...] Mit einer milden Südostströmung sorgt es nach wie vor für frühlingshafte Temperaturen. Dabei behält es das Wetter in der Nordosthälfte unter Kontrolle. Hingegen verliert es im äußersten Südwesten und Westen an Einfluss und überlässt zum Abend vereinzelten – teils gewittrigen – Schauern das Feld. [...] Das Zentrum von Hoch Orania schwächt sich weiter ab. [...] Der Westen und Südwesten leiden unter einem Tief bei den Benelux-Ländern.

3 ***Vergleichen Sie die Texte hinsichtlich der Verwendung sprachlicher Mittel und deren Wirkung.***

a) In welchem der beiden Texte finden Sie Personifikationen? Welche Erscheinung wird personifiziert? Mit welchen Verben geschieht das? Notieren und erläutern Sie Ihre Ergebnisse.

b) Beschreiben Sie die Wirkung der beiden Texte auf Sie. Was bewirken die Personifikationen?

Personifikation in Alltagssprache und Literatur

In der Literatur, besonders in der Lyrik, werden Personifikationen häufig verwendet. Ihre Deutung ist oft entscheidend für das Verständnis eines Textes.

Johann Wolfgang Goethe: Gefunden

Ich ging im Walde
So für mich hin,
Und nichts zu suchen,
Das war mein Sinn.

Im Schatten sah ich
Ein Blümchen stehn,
Wie Sterne leuchtend,
Wie Äuglein schön.

Ich wollt' es brechen,
Da sagt' es fein:
Soll ich zum Welken
Gebrochen sein?

Ich grub's mit allen
Den Würzlein aus,
Zum Garten trug ich's
Am hübschen Haus.

Und pflanzt' es wieder
Am stillen Ort;
Nun zweigt es immer
Und blüht so fort.

1 ***Die Blume in Goethes Gedicht zeigt menschliche Eigenschaften. Deuten Sie die im Gedicht verwendete Personifikation:***

a) Deuten Sie die Wörter *brechen, welken, zweigen, fortblühen* in Bezug auf eine Pflanze.

b) Übertragen Sie die Bedeutung der Wörter (➪ Aufgabe a) auf das Verhalten eines Menschen (➪ S. 68).

2 ***Gehen Sie der Frage nach, ob der Dichter mit der Personifikation eines Blümchens tatsächlich eine Person gemeint hat.***

a) Lesen Sie die folgenden beiden Texte, notieren Sie sich entsprechende Informationen.

Personifikation in Alltagssprache und Literatur

Text 1:

Gefunden – Die Handschrift (ohne Titel) trägt den Vermerk „Frau von Goethe“ und das Datum „26. August 1813“. Am 28. August 1813 schrieb Goethe aus Ilmenau an Christiane: „Dass ich unterwegs heiter war, saht Ihr aus den Verslein.“ 25 Jahre vorher, am 12. Juli 1788, hatte Goethe Christiane Vulpius kennen gelernt.

Text 2:

Am 12. Juli 1788 begegnete Goethe (fast neununddreißigjährig) der dreiundzwanzigjährigen Christiane Vulpius (der Überlieferung nach im Park an der Ilm in Weimar), zu der er sofort eine tiefe Zuneigung verspürte. Zuvor hatte die sieben Jahre ältere Charlotte von Stein (Goethes große Liebe) ihn immer wieder abgewiesen.
Anders als die gebildete Frau von Stein war Christiane ein unverbildetes Mädchen, das in einer Blumenfabrik in Weimar arbeitete.
Goethe nahm Christiane Vulpius bald darauf zu sich, sie führte ihm den Haushalt und sie lebten in einer eheähnlichen Gemeinschaft; die Weimarer Bürger hielten sie nicht für gesellschaftsfähig, Goethe war jedoch fasziniert von ihrer naiven Schönheit und ausgesprochenen Weiblichkeit. Nach 18 Jahren „wilder Ehe“ machte Goethe sie zu seiner legitimen Ehefrau.

b) Welche Bezüge zwischen dem Gedicht und den in den Texten aufgeführten Ereignissen können Sie benennen? Führen Sie in Ihrer Begründung Beispiele aus dem Gedicht an und nutzen Sie Ihre Ergebnisse aus den Aufgaben 1 und 2.

Beispiel:	„Blümchen“ -	*Bild einer Frau*
	„Wie Äuglein schön“ -	...
	„...“	...

c) Recherchieren Sie in der Bibliothek oder im Internet. Tragen Sie weitere Informationen über Goethe, Christiane Vulpius und über das Gedicht zusammen. Überprüfen Sie Ihre Ergebnisse aus Aufgabe b.

Zwischenfazit

Vergleich: verknüpft zwei Bedeutungsbereiche meistens mit dem Wort *wie*

Metapher: verknüpft zwei unverbundene Bedeutungsbereiche ohne *wie*

Personifikation: Verlebendigung von Begriffen

Sprachbilder im Textzusammenhang deuten

In literarischen Texten wirken – wie in der Alltagssprache auch – in der Regel verschiedene sprachliche Bilder zusammen. Wir verbinden sie mit unterschiedlichen Gefühlen, Stimmungen, Gedanken. Erst durch ihre Deutung im Textzusammenhang erhalten wir ein Gesamtbild von einer Situation, einer Textaussage.

Monika Seck-Agthe: Das Tolle an der Liebe

Ich bin zwar nicht mehr die Allerjüngste. Im nächsten Winter werde ich dreißig. Dass ich mich verliebe, wird immer seltener. Es ist schon so viel schiefgegangen. Irgendwas habe ich meistens falsch gemacht. Oft bin ich den Männern einfach zu dicht auf den Pelz gerückt.

Wenn ich mich verliebe, schlägt das ein wie eine Granate. Alles dreht sich, alles ist bunt und sprüht Funken. Ich habe das Gefühl, in den Himmel zu wachsen. Ich bin dann total aus dem Häuschen.

Es gibt Leute, die sich grundsätzlich klug verhalten, überlegt, auch wenn sie verknallt sind. Das kann ich nicht. Den Mann, in den ich verliebt bin, bombardiere ich mit Briefen. Ich rufe ihn an, ich schicke ihm kleine Päckchen, Postkarten, von überall, wo ich gerade bin, ich träume von ihm den ganzen Tag. Ich stelle mir vor, was ich mit ihm alles machen könnte. An einem weißen Strand liegen, in den Spessart fahren, zusammen in ein Beethoven-Konzert gehen. Oder einen ganzen Tag im Bett liegen, mit Obst und Pralinen und Wein.

Meinen Freundinnen liege ich in den Ohren, stundenlang. Ich erzähle, wie schön mein Geliebter ist, wie klug, wie erotisch seine Stimme klingt, dass er die ganzen typischen Männersachen eben gerade nicht hat, dass er sensibel ist und offen. Manche sagen: „Du musst etwas taktischer sein. Wenn du den so bestürmst, haut er dir ab. Der denkt ja, du willst ihn fressen. Der kriegt doch Angst." Das will ich dann immer nicht wahrhaben. Ich sage mir, wenn einer mich richtig liebt, dann müsste er sich doch freuen, dass von meiner Seite so viel passiert. Fast jeden Tag eine Überraschung – das ist doch eigentlich schön.

Ich habe aber inzwischen selber und oft auf schmerzhafte Weise festgestellt, dass die meisten Männer es tatsächlich nicht gut aushalten, wenn man so richtig auf sie absegelt. Deshalb habe ich mit der Zeit gelernt, mich zu bremsen, wenn ich verliebt hin. Ich verkneife mir Glückwunschtelegramme, die selbst gebastelten Fotoromane, jeden zweiten Anruf, das lüsterne Ausmalen von Reiseträumen. Jedenfalls zum großen Teil (nicht alles!).

Ich habe mich schon mit vielen Männern darüber unterhalten, auch mit vielen Frauen.

Ich denke, das Schwierige in der Liebe ist, seine Gefühle so zu zeigen, wie sie sind, stark und schillernd und himmelhoch, und trotzdem nicht verschlingend zu wirken, krallig und drängelig.

Wenn man sich verliebt, verliert man manchmal den Draht zu sich selbst. Man ist total durcheinander und gerät in eine Art Abhängigkeit zu dem anderen. Wenn er einen mal schief anguckt, bricht gleich die Welt zusammen.

Das müsste anders sein. Man müsste mehr Humor haben in der Liebe. Nicht alles so tierisch ernst nehmen. Nicht gleich Krach schlagen, wenn er mal nicht zur verabredeten Zeit anruft.

Man müsste leichtfüßiger mit der Liebe umgehen. Man müsste mit ihr einen Walzer tanzen, anstatt sie auf einen Sockel zu stellen. Das wäre was.

Jedes Mal, wenn mir eine Liebe zerbrochen ist, habe ich es mir ganz fest vorgenommen: Das nächste Mal bleibst du wenigstens mit einem Zeh auf dem Teppich. Und versuchst mal zu lernen aus deinen eigenen Erfahrungen. Das ist mir bis jetzt nicht gelungen.

Ich bin mir selbst zu theatralisch in der Liebe.

Ich mag gerne romantisch schwärmen. Ich habe schon oft am Fenster gestanden und Rotz und Wasser geheult, wenn eine meiner Lieben kaputtgegangen war. Dann dachte ich: Jetzt ist alles aus. Aber das ist das Tolle an der Liebe: Solange man lebt, hört sie nie auf. Es kommt immer noch eine und noch eine. Selbst wenn man nicht damit rechnet. Oder gerade dann. Ich bin gespannt, wie es sein wird, wenn ich mich das nächste Mal verliebe. Und ich freue mich darauf.

1 *Untersuchen Sie die Sprachbilder in diesem literarischen Text. Gehen Sie so vor:*

a) Schreiben Sie die im Text verwendeten Sprachbilder jeweils auf eine Karte (im Querformat).

b) Notieren Sie dazu, welche Bedeutungen das Sprachbild haben kann.

c) Bewerten Sie, ob Sie damit positive (+) oder negative (-) Gefühle verbinden.

Sprachbild im Text	Zeichen	Bild	Bedeutung im Text	Bewertung
auf den Pelz rücken (Z. 3)	Tierpelz	Tierpelz spüren	*unangenehm nahe kommen*	(-)
mit der Liebe Walzer tanzen (Z. 38 f.)	Walzer	im ¾-Takt mit Betonung ... auf dem 1. Viertel tanzen	...	...

2 *Interpretieren Sie, wie die Erzählerin über Liebe denkt.*

a) Notieren Sie weitere Informationen, die Sie über die Ich-Erzählerin erhalten (z. B. Alter, Verhalten, Selbsteinschätzungen, Ratschläge der Freundinnen).

b) Setzen Sie Ihre Deutungen der Sprachbilder zu diesen Aussagen in Beziehung. Ordnen Sie dazu Ihre Notizen, z. B. in Form einer Mindmap.

c) Schreiben Sie Ihre Interpretation auf.

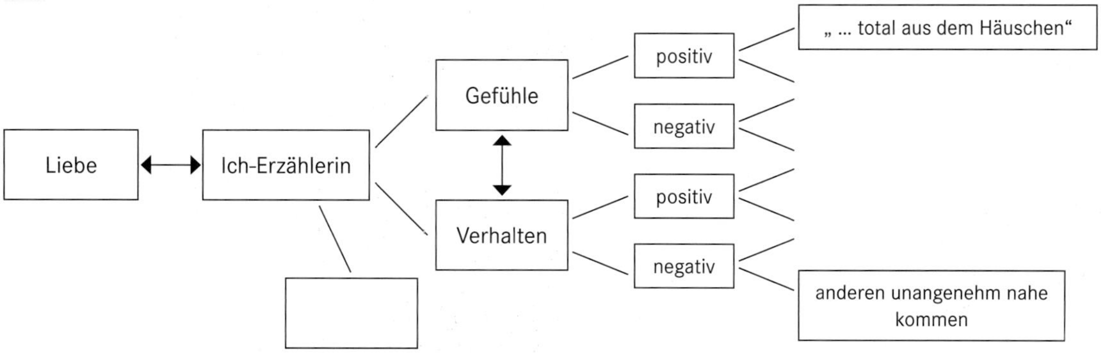

Der folgende Text enthält alle drei Sprachbilder: den Vergleich, die Metapher und die Personifikation. Ihre Deutung dient dem Textverständnis.

Fettes Brot: Definition von „Fett“

Du fragst: „Fettes Brot, was'n das für'n Name?“
Hört sich an wie irgendeine dumme Brotreklame.
Doch weit gefehlt, die Frage, die dich quält,
Wird beantwortet und König Boris erzählt:
Fett zu sein bedarf es wenig, und wer fett ist,
Hört den König.
Fett ist alles, was dich anmacht,
Fett ist auch die Sonne, die dich samstagmorgens anlacht.
Fett ist deine Lieblingsplatte und fett war auch der Spaß,
Den ich auf der Party hatte. Wenn du auf der Tanzfläche stehst
Und den Lautstärkeregler etwas höher drehst,
Weißt du sofort, warum wir Fettes Brot heißen,
Denn unser fetter Sound wird dir die Ohren wegreißen.
Fettes Brot ist fett, denn fettes Brot macht Spaß.
Fett ist unser Rhythmus und fett ist auch der Bass.
Fett, das heißt nicht matschig und glitschig;
Mit fett mein ich cool, geil, bombastisch und witzig.
Du fragst dich, wie wir so fette Lieder backen?
Na, weil wir in unsere Lieder nur fette Sachen packen.
Doch mit diesen Worten über Fett will ich dich nicht bekehrn,
Ich will dir nur den Sinn von Fettes Brot erklärn.
Sind die Reime das Feuer, ist Fettes Brot das Brikett,
Das ist die Definition von Fett.
[...]
Pass auf, ich gehe jetzt ins Detail,
Denn fett zu sein als Style, sag „fett“ und nicht „geil“.
Wenn du fett bist, kannst du auch über dich selbst lachen,
Trittst immer ins Fettnäpfchen; machst ständig pralle Sachen.
[...]
O, là, là, „fête“ bedeutet auf Französisch „Party“.
Spart nie an „Party“, denn Feiern bewahrt die Gemütlichkeit.
Gemütlichkeit ist äußerst fett, wenn ihr betrübt seid,
Zusamm' ein' saufen, bis nichts übrig bleibt.
Vergnüg' dich halt, mach dich frei von allen Ketten,
Denn nach sieben dünnen Jahren, da komm' die sieben fetten,
Wetten, sind meine Reime, Fettes Brot ist mein TED,
Das ist die Definition von Fett.

Im Mittelpunkt des Liedtextes steht das Wort „fett“. Viele Bilder, die einem zu dem Wort einfallen, werden assoziativ (durch die Verknüpfung unserer Vorstellungen) aneinandergereiht.

1 *Notieren Sie alle Assoziationen zum Begriff „Fett“, die in dem Liedtext genannt werden.*

Wort	Assoziation (Bild)
FETT	• alles, was dich anmacht (Z. 7) • cool

2 *Erstellen Sie eine Collage zu je einem ausgewählten Begriff.*
Präsentieren Sie diese in der Klasse.

3 *Formulieren Sie Ihre Meinung zur Aussage des Liedtextes. Gehen Sie so vor:*

a) Nehmen Sie an, Sie sollen Ihre Meinung über den Aussagewert des Songs in einer Internetbefragung abgeben.

b) Tauschen Sie sich mit Ihren Mitschülern aus. Verfahren Sie zum Beispiel nach der Methode „Kugellager“ (➪ Kapitel 9, S. 135, 136).

c) Formulieren Sie Ihre Meinung zur Aussage des Songs (➪ Aufgabe im Screenshot).

> Kommentare

> Wie verstehst du den Song? Schreib uns deine Meinung!

> Musiktitel:

> Text:

Zwischenfazit

5.2
Sprachbilder im Textzusammenhang deuten

Sprachbilder
- entschlüsseln
- zu anderen Inhalten und Äußerungen in Beziehung setzen
- ihre Wirkung bewerten

Einen literarischen Text interpretieren

Die Inhaltsangabe

Eine Inhaltsangabe zu einem literarischen Text bildet die Grundlage für jede Textinterpretation. Sie hilft Ihnen, den Verlauf der Handlung und das Thema zu erkennen.

Gabriele Wohmann: Ein netter Kerl

Ich habe ja so wahnsinnig gelacht, rief Nanni in einer Atempause. Genau wie du ihn beschrieben hast, entsetzlich. Furchtbar fett für sein Alter, sagte die Mutter. Er sollte vielleicht Diät essen. Übrigens, Rita, weißt du, ob er ganz gesund ist?

Rita setzte sich gerade und hielt sich mit den Händen am Sitz fest. Sie sagte: Ach, ich glaub schon, daß er gesund ist. Genau wie du es erzählt hast, weich wie ein Molch, wie Schlamm, rief Nanni. Und auch die Hand, so weich. Aber er hat dann doch auch wieder was Liebes, sagte Milene, doch, Rita, ich finde, er hat was Liebes, wirklich. Na ja, sagte die Mutter, beschämt fing auch sie wieder an zu lachen; recht lieb, aber doch gräßlich komisch. Du hast nicht zuviel versprochen, Rita, wahrhaftig nicht. Jetzt lachte sie laut heraus. Auch hinten im Nacken hat er schon Wammen, wie ein alter Mann, rief Nanni. Er ist ja so fett, so weich, so weich! Sie schnaubte aus der kurzen Nase, ihr kleines Gesicht sah verquollen aus vom Lachen.

Rita hielt sich am Sitz fest. Sie drückte die Fingerkuppen fest ans Holz. Er hat so was Insichruhendes, sagte Milene. Ich find ihn so ganz nett, Rita, wirklich, komischerweise. Nanni stieß einen winzigen Schrei aus und warf die Hände auf den Tisch; die Messer und Gabeln auf den Tellern klirrten. Ich auch, wirklich, ich find ihn auch nett, rief sie. Könnt ihn immer ansehn und mich ekeln.

Der Vater kam zurück, schloß die Eßzimmertür, brachte kühle nasse Luft mit herein. Er war ja so ängstlich, daß er seine letzte Bahn noch kriegt, sagte er. So was von ängstlich.

Er lebt mit seiner Mutter zusammen, sagte Rita. Sie platzten alle heraus, jetzt auch Milene.

Das Holz unter Ritas Fingerkuppen wurde klebrig. Sie sagte: Seine Mutter ist nicht ganz gesund, soviel ich weiß. Das Lachen schwoll an, türmte sich vor ihr auf, wartete und stürzte sich dann herab, es spülte über sie weg und verbarg sie: lang genug für einen kleinen schwachen Frieden. Als erste brachte die Mutter es fertig, sich wieder zu fassen.

Nun aber Schluß, sagte sie, ihre Stimme zitterte, sie wischte mit einem Taschentuchklümpchen über die Augen und die Lippen. Wir können ja endlich mal von was anderem reden. Ach, sagte Nanni, sie seufzte und rieb sich den kleinen Bauch, ach ich bin erledigt, du liebe Zeit. Wann kommt die große fette Qualle denn wieder, sag, Rita, wann denn? Sie warteten alle ab.

Er kommt von jetzt an oft, sagte Rita. Sie hielt den Kopf aufrecht.

Ich habe mich verlobt mit ihm. Am Tisch bewegte sich keiner. Rita lachte versuchsweise und dann konnte sie es mit großer Anstrengung lauter als die anderen, und sie rief: Stellt euch das doch bloß mal vor: mit ihm verlobt! Ist das nicht zum Lachen!

Sie saßen gesittet und ernst und bewegten vorsichtig Messer und Gabeln. He, Nanni, bist du mir denn nicht dankbar, mit der Qualle hab ich mich verlobt, stell dir das doch mal vor!

Er ist ja ein netter Kerl, sagte der Vater. Also höflich ist er, das muß man ihm lassen. Ich könnte mir denken, sagte die Mutter ernst, daß er menschlich angenehm ist, ich meine, als Hausgenosse oder so, als Familienmitglied. Er hat keinen üblen Eindruck auf mich gemacht, sagte der Vater.

Rita sah sie alle behutsam dasitzen, sie sah gezähmte Lippen. Die roten Flecken in den Gesichtern blieben noch eine Weile. Sie senkten die Köpfe und aßen den Nachtisch. R

Die Inhaltsangabe

1 ***Fassen Sie den Inhalt des Textes zusammen. Gehen Sie so vor:***

a) Lesen Sie den Text aufmerksam und notieren Sie sich Stichworte zu den W-Fragen: Wer? Was? Wann? Wo? Warum?

b) Formulieren Sie das Thema.

c) Bestimmen Sie die Textsorte (➪Kapitel 3). Schauen Sie sich dazu besonders auch den Anfang und den Schluss des Textes an.

Muster

Die Kurzgeschichte „Ein netter Kerl" von Gabriele Wohmann hat verschiedene Maßstäbe für die Beurteilung eines Menschen zum Thema.

Das Gespräch, in dem die Maßstäbe verdeutlicht werden, findet in einer Familie während des Abendessens statt. Beteiligt sind Rita, Nanni, Milene sowie deren Eltern. Anlass ist das erstmalige Erscheinen eines Mannes, den Rita mitgebracht hat. Er hat die Runde bereits verlassen. Besonders Nanni, aber auch Milene und die Mutter spotten über ihn wegen seiner Dickleibigkeit. Rita weist auf seine guten charakterlichen Eigenschaften hin, erntet dafür aber nur noch mehr Gelächter. Durch diese Kränkungen verkrampft Rita immer mehr. Als sie gefragt wird, wann er denn wiederkomme, erklärt sie, sie habe sich mit ihm verlobt. Nach dieser Erklärung tritt Stille ein, die Familienmitglieder verspeisen mit gesenkten Köpfen ihren Nachtisch.

2 ***Vergleichen Sie das Muster mit den Anforderungen an eine Inhaltsangabe (siehe Basiswissen unten).***

a) Wie wurden die W-Fragen beantwortet, wurde ein Thema formuliert?

b) Wie wurde die Inhaltsangabe gegliedert?

c) Wurden die Vorgaben zur sprachlichen Form (➪Basiswissen) beachtet?

Basiswissen — Eine Inhaltsangabe zu einem literarischen Text

Eine Inhaltsangabe informiert sachlich über das Wesentliche (➪Kapitel 7, S. 106; Kapitel 9, S. 135).

Sie bildet die Grundlage für eine Textinterpretation und besteht aus drei Teilen:

Die Einleitung enthält Angaben zum Verfasser bzw. zur Verfasserin, zum Titel, zur Textsorte (➪Kapitel 3) und zum Thema des Textes.

Im Hauptteil werden die wesentlichen Informationen zum Verlauf einer Handlung/eines Geschehens schrittweise wiedergegeben: Ort und Zeit der Handlung, Figuren, was geschieht warum.

Achtung! *Eine Inhaltsangabe ist keine Nacherzählung; verzichten Sie also auf Einzelheiten. Auf die Stilmittel der Textvorgabe müssen Sie nicht eingehen. Auch Kommentare und Wertungen sind hier fehl am Platz.*

Der Schluss enthält Deutungen und Beurteilungen, die auf das Thema des Textes Bezug nehmen. Ist die Inhaltsangabe Teil einer Textinterpretation, so ist der Schluss schon Bestandteil des weiterführenden Textes.

Sprachliche Form: Der Inhalt wird im Präsens wiedergegeben, die wörtliche Rede (Zitate aus dem Text) steht im Konjunktiv (indirekte Rede ➪Kapitel 2, S. 42, 43).

Die Figurencharakteristik

Literatur handelt oft von Figuren, ihrem Verhalten und ihren Beziehungen zueinander. Die Analyse des Verhaltens und der Äußerungen der Figuren hilft Ihnen, die inhaltliche Aussage eines Textes zu deuten. Im Unterschied zur Inhaltsangabe beschäftigen Sie sich nun mit dem Text im Detail und untersuchen entsprechende Textstellen.

Basiswissen | **Figuren in der Kommunikation zwischen Autor und Leser**

Das Lesen eines literarischen Textes ist ein kommunikativer Akt zwischen einer Autorin/einem Autor - dem Sender - und der Leserin/dem Leser - als dem Empfänger einer Mitteilung (➪ Kapitel 1). Sie kommunizieren nicht direkt miteinander, sondern über den Text. Der Autor hat in den Text sein Weltwissen, seine Erfahrungen und Stimmungen eingebracht, z. B. in die Charakterisierung der Figuren. Er kann z. B. in einer Figur typische Eigenschaften von Menschen zusammenfassen, um dem Leser ein häufig beobachtetes Verhalten zu verdeutlichen. Der Leser macht sich aufgrund der Charakterisierung der Figuren ein (sein) Bild von diesen, von ihrem Verhalten zueinander, deutet und beurteilt den Text mit seinem Wissen, seinen Erfahrungen und Stimmungen.

1 ***Lesen Sie die Kurzgeschichte „Ein netter Kerl" noch einmal und untersuchen Sie den Text in Bezug auf das Kommunikationsverhalten der Figuren.***

a) Notieren Sie, welche Figuren nacheinander auftreten. Über welche Figur wird nur gesprochen?

b) Die Geschichte weist einen Wendepunkt auf. Benennen Sie diesen.

c) Sammeln Sie Textbelege zum verbalen und nonverbalen Kommunikationsverhalten (➪ Kapitel 1, S. 8) der Familienmitglieder <u>vor</u> dem Wendepunkt. Deuten Sie die Aussageabsicht.
Notieren Sie Ihre Ergebnisse in Form einer Tabelle (siehe Muster unten).

d) Gehen Sie nun auf das verbale und nonverbale Kommunikationsverhalten <u>nach</u> dem Wendepunkt ein. Ergänzen Sie die Tabelle entsprechend.

e) Welche Gründe gibt es für den Ausgang der Geschichte? Begründen Sie dies anhand Ihrer Ergebnisse.

Vor dem Wendepunkt					
Rita			Die anderen		
verbal	nonverbal	Aussageabsicht	verbal	nonverbal	Aussageabsicht
„Ach, ich glaub schon, dass er gesund ist." (Z. 4, 5) ...	„setzte sich gerade und hielt sich mit den Händen am Sitz fest" (Z. 4) ...	fühlt sich angegriffen, sucht nach Sicherheit am „Sitz" ...	Nanni: „Ich habe ja so wahnsinnig gelacht ... Genau wie du ihn beschrieben hast, entsetzlich" (Z. 1, 2)	„rief ... in einer Atempause" (Z. 1)	Spott (aber scheinbar zustimmend)

Nach dem Wendepunkt					
Rita			Die anderen		
verbal	nonverbal	Aussageabsicht	verbal	nonverbal	Aussageabsicht
...	...	...	...	...	...

Die Figurencharakteristik

Oft sprechen literarische Figuren über nicht anwesende Figuren. Indem sie über andere sprechen, sagen sie etwas über sich.

2 ***Ritas Verlobter ist nicht anwesend. Was erfahren Sie von welcher Figur über ihn?***

a) Schauen Sie in Ihrer Tabelle auf die verbalen Äußerungen von Rita, Nanni, Milene, der Mutter und dem Vater. Was sagen sie über den abwesenden Mann? Deuten Sie besonders auch die verwendeten Vergleiche: *weich wie ein Molch, Schlamm, Qualle.*

b) Notieren Sie zu jeder Figur, auf welche Weise die Äußerungen zur Charakterisierung dieser Figur selbst beitragen.

3 ***Wählen Sie eine in der dargestellten Situation anwesende Figur aus und charakterisieren Sie diese. Gehen Sie so vor:***

a) Lesen Sie noch einmal, was die Figur sagt und wie sie sich verhält. Leiten Sie daraus Eigenschaften der Figur ab. Achten Sie auch darauf, ob und wie sich das Verhalten nach dem Wendepunkt verändert. Beispiel: *Rita: anfangs unsicher, verletzbar, legt mehr Wert auf die Charaktereigenschaften eines Menschen als auf die äußere Gestalt, wehrt sich spät, aber entschlossen.*

b) Schreiben Sie eine Charakteristik zu dieser Figur. Orientieren Sie sich an dem Muster sowie an der Arbeitstechnik auf S. 82.

Muster

Rita ist eine Tochter in der dargestellten fünfköpfigen Familie. Nachdem ihr (noch heimlicher) Verlobter das gemeinsame Abendessen verlassen hat, verspotten die Schwestern und die Mutter ihn und verletzen damit Rita. Rita hält sich zunächst verbal zurück, versucht zaghaft, ihren Verlobten in Schutz zu nehmen, da ihre Familie ihn mit äußerst negativen Begriffen bezeichnet. Das nonverbale Verhalten Ritas ist so beschrieben: Sie hält sich am Mobiliar fest. „Sie drückte die Fingerkuppen fest ans Holz" (Z. 12). Damit wird ihre Unruhe und ihr Unwohlsein verdeutlicht: Sie benötigt eine „Stütze".

Die anderen rufen, schnauben, schreien und lachen. Die Lautstärke nimmt zu, das Lachen verselbstständigt sich und „türmt sich vor Rita auf". Es dauert ziemlich lange, bis sie es nicht mehr aushält. Der Wendepunkt kann in Zeile 29 angesiedelt werden. Rita beginnt mit dem „Gegenangriff".

Nach dem Wendepunkt hält Rita den Kopf aufrecht und signalisiert Selbstbewusstsein. Sie spricht jetzt lauter als die anderen und lacht „versuchsweise". Sie spricht nicht mehr über ihn, sondern über sich: „Ich habe mich verlobt mit ihm. […] Ist das nicht zum Lachen!" (Z. 30–32) Auf diese Weise schafft sie es, die Spötter zu beschämen: „Sie saßen gesittet und ernst …" (Z. 33). Ritas Wortwahl bleibt gemäßigt, obwohl sie ihre Aussage nochmals, an Nanni gerichtet, wiederholt und dabei sogar deren Beleidigung aufgreift: „… mit der Qualle hab ich mich verlobt, stell dir das doch mal vor!" (Z. 34) Damit schafft Rita es, dass der Vater nun sehr positiv reagiert und die Mutter immerhin ernst meint, sie könne sich denken, „dass er menschlich angenehm ist". Rita zeigt nun, dass sie über sich hinauswachsen kann, mit ihrer Reaktion hält sie den Familienmitgliedern mutig deren mangelndes Einfühlungsvermögen vor.

Die Figurencharakteristik

Arbeitstechnik – Eine Figurencharakteristik schreiben

Die Charakteristik einer Figur bzw. mehrerer Figuren eines literarischen Textes ist ein wesentlicher Schritt zur Interpretation eines Textes. Zum Erstellen einer Charakteristik konzentriert man sich auf Textstellen, in denen sich der Erzähler oder die Figuren direkt oder indirekt über eine andere Figur äußern bzw. in denen die Figur selbst spricht.

Den ersten Eindruck erhält man oft – wie im wirklichen Leben – über die Beschreibung des äußeren Erscheinungsbildes (Gestalt, Gang, Frisur, Kleidung usw.), das verbale (sprachliche) und nonverbale (Mimik, Gestik, Haltung) Verhalten sowie die Lebensumstände einer Figur. Handlungsabsichten und Gefühle kann man auch erkennen, wenn der Erzähler uns in die Gedanken einer Figur schauen lässt (innerer Monolog). Im kommunikativen Verhalten werden außerdem Beziehungen zu anderen Figuren deutlich. Es ist wichtig herauszufinden, ob sich die Beziehungen zwischen den Figuren (Figurenkonstellation) verändern oder ob sie gleich bleiben und was jeweils dazu führt.

Um Figuren charakterisieren zu können, geht man vom Erscheinungsbild und von den Verhaltensweisen aus (äußere Merkmale), bezieht die Gedankenwelt (innere Monologe) ein und schließt von beidem auf die persönlichen Eigenarten, eben auf den Charakter (innere Merkmale).

Fazit

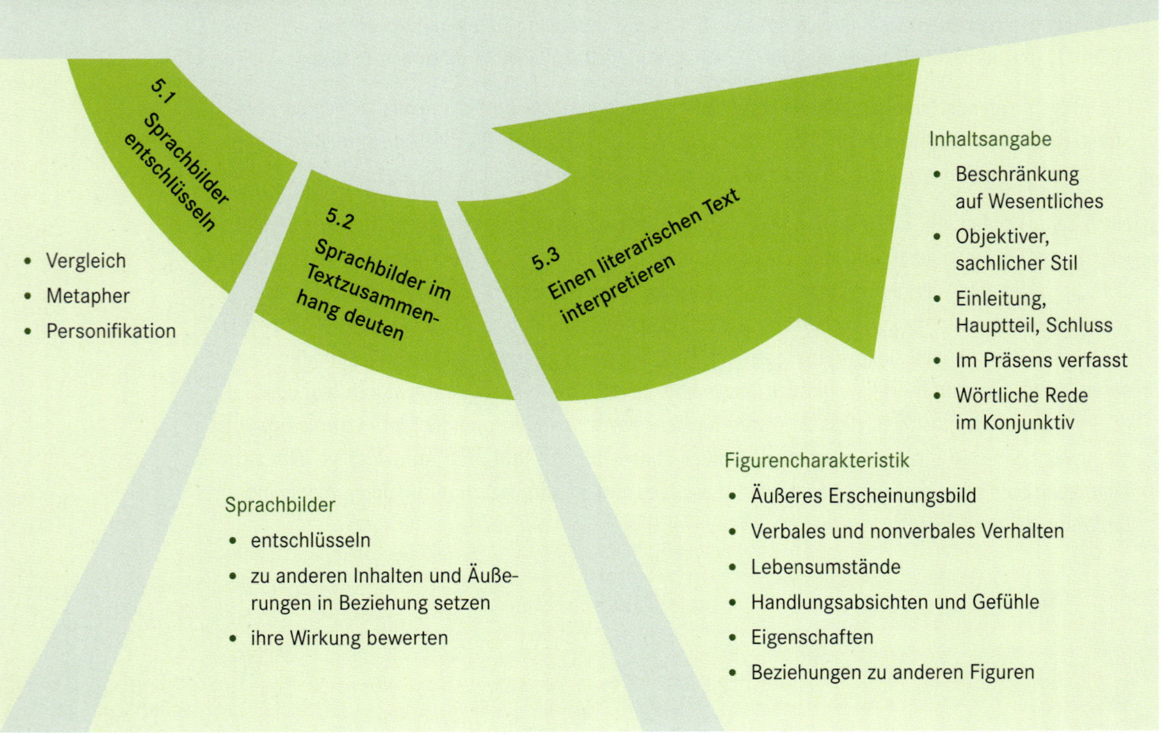

Kapitel 6

Einstieg ins Berufsleben – Projekt

6.1 Die eigene Ausgangssituation einschätzen

6.2 Projekt: Einen passenden Ausbildungsplatz finden

6.3 Exkurs 1: Eine Bewerbung schreiben

6.4 Exkurs 2: Einen Bericht schreiben – am Beispiel von Praktikumsberichten

Der Einstieg ins Berufsleben beginnt mit einer Ausbildung. Doch einen Ausbildungsplatz zu finden ist wahrscheinlich genauso schwer, wie Antworten zu geben auf die Fragen: Was will ich? Was kann ich? Welche Ausbildungsberufe passen zu meinen Interessen und Fähigkeiten? Wo gibt es diese Ausbildungsplätze? Und am wichtigsten: Wie erhöhe ich meine Chancen, einen Ausbildungsplatz zu bekommen?

In diesem Kapitel lernen Sie durch projektartiges Arbeiten sich selber und mögliche Ausbildungsberufe besser kennen. Sie erfahren, dass die Suche nach einem Ausbildungsplatz in all ihren Phasen immer auch Kommunikation bedeutet. In Gruppen üben und bewerten Sie, wie Sie am besten für sich werben können.

Was ich aus anderen Kapiteln weiß

- ✔ Kommunikation bedeutet immer, etwas von sich preiszugeben und andere zum Handeln zu bewegen (Kapitel 1).
- ✔ Bei der Schreibung von Straßennamen sind besondere Regeln zu beachten (Kapitel 2).
- ✔ Das Anredepronomen „Sie“ wird immer großgeschrieben (Kapitel 2).

Die eigene Ausgangssituation einschätzen

Ihre bisherigen Erfahrungen können Ihnen und Ihren Mitschülern bei der Suche nach einem geeigneten Ausbildungsplatz weiterhelfen.

1 ***Welche Erfahrungen bei der Suche nach einem Ausbildungsplatz haben Sie bereits gesammelt?***

a) Tragen Sie mithilfe einer Mindmap Ihre Erfahrungen, Erwartungen, Wünsche, Ängste oder Hoffnungen zum Thema *Meine Suche nach einem Ausbildungsplatz* zusammen.

b) Diskutieren Sie Ihre Ergebnisse in der Klasse.

c) Überlegen Sie, inwiefern Ihre Erfahrungen Ihre zukünftige Suche nach einem Ausbildungsplatz beeinflussen.

Bei der Suche nach einem Ausbildungsplatz müssen Sie sich auch Gedanken über eine Bewerbung und über Vorstellungsgespräche machen.

2 ***Schätzen Sie Ihre Ausgangssituation ein.***

a) Bei der Stellensuche werden Sie immer in Konkurrenz mit anderen treten. Erörtern Sie in der Klasse, welchen Einfluss das auf Ihre Stellensuche hat.

b) Überlegen Sie, was Sie selber tun müssen, um einen Ausbildungsplatz zu erhalten. Wobei können Ihnen Ihre Lehrerinnen und Lehrer helfen?

c) Halten Sie Ihre Antworten auf Plakatpapier fest.

3 ***Betrachten Sie die Karikatur.***

a) Beschreiben Sie die Situation.

b) Was erfährt der Chef aufgrund der Antwort des Jugendlichen? Wie wirkt die Antwort auf den Chef?

c) Beurteilen Sie die Lage: Ist die Kommunikation zwischen den beiden gescheitert?

d) Welchen Rat geben Sie dem Jugendlichen?

4 ***„Bewerben heißt für sich werben!"***

a) Erläutern Sie, was mit dieser Aussage gemeint ist.

b) Sammeln Sie mithilfe der 6-3-5-Methode (➪ Kapitel 9, S. 138, 139) Ideen, wie Sie konkret für sich werben können.

c) Systematisieren Sie Ihre Ideensammlung. Welche Ideen sind durchführbar, welche nicht?

Projekt: Einen passenden Ausbildungsplatz finden

Im Rahmen des Projekts durchlaufen Sie die verschiedenen Phasen der Ausbildungsplatzsuche. Zunächst geht es darum herauszufinden, welche besonderen Stärken Sie besitzen und welche Anforderungen Berufe und Unternehmen an Auszubildende stellen. Das erworbene Wissen hilft Ihnen zu entscheiden, ob der ausgewählte Beruf Ihren Begabungen entspricht. Anschließend werden Sie sich auf ein Vorstellungsgespräch vorbereiten, in dem Sie deutlich machen, warum Sie sich vorstellen können, als Azubi gerade in diesem Beruf und Unternehmen zu arbeiten. Überschneidungen zwischen persönlichen, beruflichen und unternehmerischen Zielen sollten thematisiert werden.

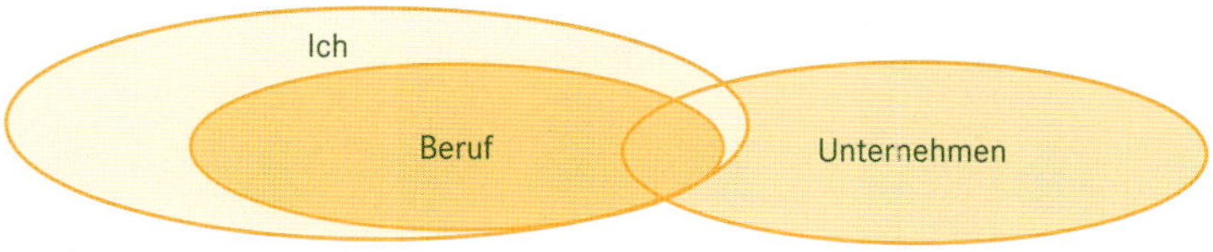

Das Projekt „Einen passenden Ausbildungsplatz finden" wird in folgende Schritte unterteilt:

1. Das Gesamtprojekt planen
2. Die einzelnen Projektphasen planen, durchführen und präsentieren
   Phase 1: Welche Eigenschaften, Fähigkeiten und Verhaltensweisen habe ich?
   - Ein Persönlichkeitsprofil erstellen

   Phase 2: Was wollen andere?
   - Anforderungsprofile erstellen
     a) Die Erwartungen der Unternehmen ermitteln
     b) Die Anforderungen eines Ausbildungsberufs ermitteln

   Phase 3: Wie bereite ich mich auf das Vorstellungsgespräch vor?
   - Ein Vorstellungsgespräch simulieren
3. Das Gesamtprojekt auswerten

Das Gesamtprojekt planen

1 *Planen Sie gemeinsam das Projekt (➪ Kapitel 8, S. 122, 123).*

a) Ergänzen Sie den Projektstrukturplan in Form einer Tabelle nach folgendem Muster:

Projekt: Einen passenden Ausbildungsplatz finden / Projektstrukturplan:		
Die Projektphasen planen	Die Projektphasen durchführen	Die Projektphasen präsentieren
Projektphase 1: Ein Persönlichkeitsprofil erstellen • Arbeitspaket 1: ...	...	...
Projektphase 2: ...	...	...

b) Fertigen Sie einen Projektablaufplan an.

Basisbaustein

Projektphasen: planen, durchführen und präsentieren

Phase 1 Welche Eigenschaften, Fähigkeiten und Verhaltensweisen habe ich?
- Ein Persönlichkeitsprofil erstellen

Wenn Sie für sich erfolgreich werben möchten, müssen Sie sich selbst kritisch einschätzen können. Testen Sie es: Fallen Ihnen spontan fünf positive und fünf negative Eigenschaften von sich ein? Wie Sie vielleicht festgestellt haben, ist es gar nicht so einfach, sich selbst zu beschreiben. Der folgende Projektteil hilft Ihnen.

Den Projektteil planen

1 *Beantworten Sie neben allgemein organisatorischen Fragen die folgenden:*

a) Wann wird die Befragung durchgeführt?

b) Wer soll befragt werden?

Den Projektteil durchführen

2 *Charakterisieren Sie andere Personen (➪Kapitel 10, S. 143). Die Arbeitstechnik hilft Ihnen.*

a) Beschreiben Sie in Einzelarbeit Eigenschaften, Fähigkeiten und Verhaltensweisen von Personen, die Sie kennen.

b) Tragen Sie Ihre Ergebnisse in der Klasse zusammen und erstellen Sie eine Liste der gesammelten Persönlichkeitsmerkmale.

Arbeitstechnik – Sich und andere charakterisieren

- Nennen Sie zunächst immer die positiven Eigenschaften, Fähigkeiten und Verhaltensweisen. Erst dann können negative Aspekte folgen.
- Achten Sie bei der Charakterisierung darauf, sich sachlich zu äußern. Sie sollen sich selbst nicht bloßstellen bzw. andere nicht verletzen. Beachten Sie, dass andere verletzt sein können, obwohl Sie dies nicht beabsichtigt haben. Wählen Sie Ihre Worte daher sorgfältig.
- Nennen Sie keine Namen, denn es geht um das Sammeln von Eigenschaften.

3 *Lernen Sie sich selbst kennen und sich sachlich zu charakterisieren.*

a) Fertigen Sie am Computer eine Checkliste (➪Kapitel 9, S. 136) mit den von Ihnen ermittelten Persönlichkeitsmerkmalen nach folgendem Muster an:

Persönlichkeitsmerkmale	stark ausgeprägt	normal ausgeprägt	gar nicht ausgeprägt
Freundlichkeit ...			

b) Drucken Sie die Checkliste aus und kopieren Sie sie mehrmals. Füllen Sie diese für sich selbst aus. Bitten Sie andere, die Checkliste für Sie auszufüllen.

c) Vergleichen Sie die Ergebnisse. Überwiegen die gleichen Bewertungen oder sehen Sie sich anders, als Ihre Umwelt Sie sieht?

d) Begründen Sie die Abweichungen von Selbst- und Fremdeinschätzung.

Projektphasen: planen, durchführen und präsentieren

Den Projektteil präsentieren

4 *Fertigen Sie ein Persönlichkeitsprofil von sich selbst an. Stellen Sie dafür Ihre Persönlichkeitsmerkmale zusammen und belegen Sie sie mit Beispielen.*
Beispiel: *Teamfähigkeit – Beleg: Vereinstätigkeit im FC Ravenstein*

Phase 2 Was wollen andere?
- Anforderungsprofile erstellen

Erkunden Sie, welche Anforderungen unterschiedliche Unternehmen und Berufe an Auszubildende stellen. Bilden Sie dazu verschiedene Gruppen, die sich in den nächsten Stunden arbeitsteilig mit einer der folgenden Problemstellungen beschäftigen:

Projektgruppe a: Die Erwartungen der Unternehmen ermitteln
Projektgruppe b: Die Anforderungen eines Ausbildungsberufes ermitteln

Projektgruppe a: Die Erwartungen der Unternehmen ermitteln
Es ist wichtig zu wissen, was ein zukünftiger Chef von Ihnen erwartet. Wählen Sie einen möglichst direkten Weg, um zu erfahren, was Unternehmen verlangen: Falls Sie Unternehmer oder Ausbilder persönlich kennen, fragen Sie diese. Nutzen Sie das Wissen der Auszubildenden, die an Ihrer Schule sind.

Den Projektteil planen

1 *Beantworten Sie neben allgemein organisatorischen Fragen die folgenden:*
a) Wann wird die Erkundung durchgeführt?
b) Wer kennt Ausbilder oder Unternehmer?
c) Welche Ausbildungsberufe gibt es an unserer Schule?
d) Wer erkundigt sich bei wem?

Mithilfe dieser Erkundung sollen Sie mindestens folgende Fragestellungen beantworten:
- Was erwarten Unternehmer von ihren Auszubildenden?
- Nach welchen Kriterien werden Auszubildende eingestellt?

Ergänzen Sie weitere Fragestellungen, die Sie interessieren.

Den Projektteil durchführen

2 *Entwickeln Sie am Computer aus den zusammengetragenen Fragen einen Fragebogen (➪Kapitel 9, S. 133), mit dem Sie die Erkundung durchführen können.*

Den Projektteil präsentieren

3 *Erstellen Sie Anforderungsprofile der Unternehmen (➪Kapitel 10, S. 145).*
a) Systematisieren Sie die Ergebnisse Ihrer Fragebogenerkundung.
b) Fertigen Sie Lernplakate an, die Ihre Mitschüler detailliert über die Anforderungen der Unternehmen informieren (➪Kapitel 9, S. 136).

Projektphasen: planen, durchführen und präsentieren

Projektgruppe b: Die Anforderungen eines Ausbildungsberufs ermitteln

Den Projektteil planen

1 *Beantworten Sie neben allgemein organisatorischen Fragen die folgenden:*

a) Wer informiert sich über welche Ausbildungsberufe?

b) Wo kann man sich erkundigen?

Sie sollen mindestens folgende Fragestellungen beantworten:
- Welche Ausbildungsberufe eignen sich für Schülerinnen und Schüler mit mittlerem Bildungsabschluss bzw. Fachoberschulreife?
- Welche anderen Anforderungen – wie z. B. Eigenschaften, Verhalten, Kenntnisse, Fähigkeiten – werden in diesen Ausbildungsberufen an die Auszubildenden gestellt?
- Wer bildet in Ihrer Umgebung in den genannten Berufen aus?

Ergänzen Sie weitere Fragestellungen, die Sie interessieren.

Den Projektteil durchführen

2 *Entwickeln Sie am Computer eine Tabelle, in der Sie die gefundenen Informationen zu den Ausbildungsberufen sammeln und systematisieren.*

Sie haben folgende Möglichkeiten, sich über Ausbildungsberufe zu informieren:
- Besuchen Sie ein Berufsinformationszentrum (BIZ).
- Recherchieren Sie im Internet, z. B. auf den Seiten: *www.arbeitsagentur.de, www.ausbildung-plus.de, http://infobub.arbeitsagentur.de/berufe/index.jsp, www.bibb.de* (Bundesinstitut für Berufsbildung).
- Besorgen Sie sich Broschüren bei der Bundesagentur für Arbeit, den Industrie- und Handelskammern, den Handwerkskammern, fragen Sie z. B. Auszubildende in der Schule.
- Erkundigen Sie sich, ob es in Ihrer Region einen „Lehrstellenatlas“ oder eine Ausbildungsmesse gibt.
- Fragen Sie Freunde und Bekannte, die einen für Sie interessanten Beruf ausüben.

Diesen Informationsquellen entnehmen Sie, welche Fähigkeiten und Kenntnisse ein Ausbildungsberuf voraussetzt und welche Betriebe in Ihrer Umgebung ausbilden.

Den Projektteil präsentieren

3 *Erstellen Sie Anforderungsprofile der Ausbildungsberufe.*

a) Ordnen Sie die Ergebnisse Ihrer Informationssammlung nach Ausbildungsberufen oder nach Betrieben Ihrer Umgebung.

b) Fertigen Sie Broschüren an, die Ihre Mitschüler detailliert über die Anforderungen der Ausbildungsberufe und/oder die Anforderungen der Unternehmen informieren.

Projektphasen: planen, durchführen und präsentieren

Phase 3 Wie bereite ich mich auf das Vorstellungsgespräch vor?
- Ein Vorstellungsgespräch simulieren

Das Vorstellungsgespräch ist ein großer Schritt auf dem Weg zu einer Ausbildungsstelle, vorausgesetzt, Ihre Bewerbung hat einen positiven Eindruck hinterlassen (➪ Exkurs 1, ab S. 91). Jetzt kommt es darauf an, wie Sie sich präsentieren.

1 ***Hatten Sie schon einmal ein Vorstellungsgespräch? Stellen Sie der Klasse Ihre Erfahrungen dar.***

a) Wie haben Sie sich auf das Vorstellungsgespräch vorbereitet?
b) Wie ist es verlaufen? Was haben Sie gut und was weniger gut gemacht?

2 ***Diskutieren Sie in der Klasse über die folgenden Aussagen:***

„Auf Vorstellungsgespräche muss man sich sehr gut vorbereiten. Dabei können einige Tage vergehen."
„Man sollte so unbelastet wie möglich in ein Vorstellungsgespräch gehen. Je spontaner man ist, desto natürlicher wirkt man. Vorbereitungen lassen einen unecht wirken."

3 ***Mit selbstbewusstem Auftreten geben Sie Signale.***

a) Was versteht man unter „selbstbewusstem Auftreten"? Diskutieren Sie.
b) Sammeln Sie in Gruppen Strategien, um selbstbewusst aufzutreten. Stellen Sie diese szenisch dar.
c) Analysieren Sie die Szenen. Was gibt der Bewerber von sich preis? Was könnte man verbessern?
d) Begründen Sie, welche Signale Ihrer Körpersprache eine positive bzw. eine negative Wirkung auf den Gesprächspartner haben können (➪ Kapitel 1, S. 8).

Arbeitstechnik – Sicherheit für das Vorstellungsgespräch erwerben

Die **inhaltliche Vorbereitung** ist der erste Schritt zur Selbstsicherheit:

- Informieren Sie sich über das Unternehmen, die Branche, den Ausbildungsberuf.
- Lernen Sie Ihre eigenen Daten auswendig (Lebenslauf, Hobbys, Name Ihrer Schule).
- Bereiten Sie sich auf mögliche Fragen vor, auch auf unangenehme, z. B. nach schlechten Noten.
- Benennen Sie Stärken und Schwächen, begründen Sie Ihre Eignung (➪ Projektphase 2).

Das **richtige Auftreten** ist der zweite Schritt zur Selbstsicherheit:

- Seien Sie pünktlich (fahren Sie einen Tag vorher schon einmal zum vereinbarten Ort).
- Kleiden Sie sich dem Anlass und dem Ausbildungsberuf entsprechend.
- Sprechen Sie in ganzen Sätzen. „Einwort-Sätze" wirken desinteressiert und unvorbereitet.
- Sprechen Sie Hochdeutsch, nicht Dialekt oder Umgangssprache. Bleiben Sie freundlich.

Tipp

Versuchen Sie, glaubwürdig, bescheiden, kompetent und zielstrebig zu wirken.

Den Projektteil planen

4 ***Beantworten Sie neben allgemein organisatorischen Fragen die folgenden:***

a) Worauf könnte der Personalchef achten?
b) Wie sollte sich die Bewerberin oder der Bewerber verhalten?
c) Mit welchen Fragen aus welchen Arbeits- und Lebensbereichen ist zu rechnen?
d) Worauf ist bei der Beantwortung dieser Fragen zu achten?

Projektphasen: planen, durchführen und präsentieren

Den Projektteil durchführen

5 ***Wählen Sie einen Ausbildungsberuf oder eine Firma für Ihr simuliertes Vorstellungsgespräch aus. Bereiten Sie sich auf mögliche Fragen vor. Beziehen Sie die Ergebnisse der Projektphasen 1 und 2 mit ein.***

a) Erarbeiten Sie in Gruppen arbeitsteilig Fragen zu den Phasen eines Vorstellungsgesprächs: Begrüßung und Selbstdarstellung des Bewerbers, Schulbildung, Interessen und Hobbys, Fragen des Bewerbers.

b) Erstellen Sie eine Liste am Computer. Versuchen Sie, angemessene Antworten auf die erarbeiteten Fragen für sich persönlich zu finden.

6 ***Bereiten Sie sich auf die Einschätzung der Vorstellungsgespräche vor.***

a) Notieren Sie Ihre Kenntnisse und Erfahrungen zum Thema: „Worauf wird bei einem Vorstellungsgespräch geachtet?“

b) Listen Sie Kriterien zur Bewertung von Vorstellungsgesprächen auf.

7 ***Nehmen Sie möglichst viele Vorstellungsgespräche mit einer Videokamera auf.***

Die Firma kann von einem Lehrer vertreten werden. (Von Vorteil ist es, wenn während der Aufzeichnung keine anderen Personen im Raum sind.)

Den Projektteil präsentieren

8 ***Sehen Sie sich in der Klasse die Aufnahmen vor dem Hintergrund der folgenden Situation an. Nutzen Sie zur Analyse und Argumentation Ihre Bewertungskriterien.***

Situation

Sie sind Mitarbeiter der Personalabteilung. Sie müssen aufgrund des Vorstellungsgesprächs entscheiden, ob der Bewerber in die engere Auswahl für den zu besetzenden Ausbildungsplatz kommt. Ihr Chef erwartet eine begründete Entscheidung.

Das Gesamtprojekt auswerten

1 ***Schätzen Sie das Projekt ein.***

a) Bewerten Sie das Gesamtprojekt nach den Kriterien für eine Projektbewertung (➪ Kapitel 8, S. 130).

b) Werten Sie das Projekt für sich persönlich aus. Inwieweit kann es Ihnen helfen, einen passenden Ausbildungsplatz zu finden?

2 ***Schreiben Sie einen Projektbericht (➪ Exkurs 2, S. 97, 98).***

Exkurs 1: Eine Bewerbung schreiben

Das kann ich doch schon längst – testen Sie sich!

Mit einer Bewerbung treten Sie in den ersten Kontakt mit einem möglichen Ausbildungsbetrieb. Die Grundbausteine Ihrer Bewerbung – Bewerbungsschreiben, Lebenslauf, Passfoto und Zeugnisse – müssen dabei einen positiven Eindruck hinterlassen.

Das folgende Bewerbungsschreiben entspricht nicht den Anforderungen.

Olaf Schmitz
Beispielstr. 1
12345 Beispielort
(0 12 34)12 34 56

Auto Mobil
Otto-Benz-Straße 1
54321 Autostadt

Sehr geehrte Damen und Herren,

im Juni 20__ werde ich die Kaufmännische Schule mit dem Mittleren Schulabschluss verlassen. Meine besonderen Stärken und Interessen liegen auf den Gebieten BWL, RW und Mathe. Ich glaube, Ihre Anforderungen an einen zukünftigen Beruf erfüllen zu können. Ich habe nämlich eine Kaufmännische Schule besucht und habe in den für den Beruf des Bürokaufmanns wichtigen Fächern gute Ergebnisse erzielt.
Ich möchte gern als Bürokaufmann arbeiten. Hierzu wäre eine Ausbildung zum Bürokaufmann Grundlage. Der Berufsberater des Arbeitsamtes hat mir empfohlen, einen Kaufmännische Beruf zu ergreifen. Als Ausbildung empfahl er mir die Richtung BWL und RW. Hier liegen meine Stärken, wie Sie dem beiliegenden Schulzeugnis entnehmen können. In diesem Beruf konnte ich bereits erste Erfahrungen während eines Praktikums in der Firma Konzel sammeln. Während des zweiwöchigen Praktikums hatte ich die Gelegenheit, einen guten Einblick in die eines Bürokaufmanns zu gewinnen.
Kräftiges Zupacken macht mir ebenso Spaß wie schwierige Aufgaben zu lösen, in denen Geduld, Fingerspitzengefühl und Geschicklichkeit verlangt werden. Ich habe große kaufmännische Verständnis.
Aus meinen Bewerbungsunterlagen können Sie entnehme, dass ich mich für den Beruf eines Bürokaufmanns besonders eigne. Bitte überprüfen Sie meine Eignung für eine Ausbildung in Ihrem Unternehmen.
Ich würde mich sehr freuen, wenn Sie mich zu einem Vorstellungsgespräch einladen.

Mit freundlichen Grüßen
Schmitz

1 *Untersuchen Sie das Bewerbungsschreiben. Benennen Sie Richtiges. Korrigieren Sie die Fehler. Orientieren Sie sich an dem Muster auf S. 92.*

2 *Beurteilen Sie das Anschreiben (➪ Kapitel 10, S. 144).*

a) Was erfährt der Leser der Bewerbung von Olaf Schmitz?

b) Würden Sie Olaf Schmitz zu einem Vorstellungsgespräch einladen? Begründen Sie Ihre Meinung und ziehen Sie auch Ihre Ergebnisse aus Aufgabe 1 hinzu.

3 *Bewerten Sie Ihre eigenen Kenntnisse hinsichtlich der Erstellung eines Bewerbungsschreibens (➪ Kapitel 10, S. 144). Was können Sie schon, was müssen Sie noch einüben?*

Das Bewerbungsschreiben formgerecht nach DIN 5008 erstellen

Ihr Bewerbungsschreiben sollte einigen wesentlichen Anforderungen genügen:

Muster

•
•
•
•

Vorname und Name des Absenders — Ort, Datum
Straße und Hausnummer
PLZ Ort
Telefonnummer (Beispiele: *01234 56789, +49 1234 56789*)

•
•
•
•
•
•
•

Firma
evtl. Ansprechpartner/-in
Straße und Hausnummer
PLZ Ort

•
•
•
•

Betreff (Hier wird kurz der Inhalt des Schreibens genannt)

•
•

Anrede (*Sehr geehrte Damen und Herren* oder *Sehr geehrte/r Frau/Herr*),

•

im ersten Satz bezieht man sich auf Empfehlungen, vorherige telefonische Anfragen, auf einen Besuch bei der Berufsberatung der Bundesagentur für Arbeit, eine Zeitungsannonce o. Ä. und erklärt sein Anliegen sowie sein besonderes Interesse an der ausgeschriebenen Stelle.

•

Anschließend macht man einige Angaben zur Person (Schulbesuch, Abschluss).

•

Danach sollte man auf die geforderten fachlichen Fähigkeiten (Anforderungen des Berufs) eingehen und die besondere persönliche Eignung für diesen Beruf anführen. Eine insgesamt positive Darstellung ist wichtig.

•

Im Briefschluss wählt man Formulierungen, die sich bereits auf eine Einladung zum Vorstellungsgespräch beziehen.

•

Grußformel (*Mit freundlichen Grüßen*)

•

Unterschrift mit vollem Namen

•
•

Anlagen
Lebenslauf
Zeugniskopien
Foto

Tipp: Ort und Datum werden nur durch Komma verbunden.

Tipp: Die Telefonnummer wird nicht gegliedert. Nach der Vorwahl steht ein Leerzeichen.

Tipp: Der Betreff wird durch Fettdruck hervorgehoben. Das Wort „Betreff“ wird nicht geschrieben.

Tipp: Die Wahl der Anredeform ist davon abhängig, ob im Anschriftenfeld bereits ein Ansprechpartner genannt wurde.

Tipp: Das Wort „Anlagen“ darf durch Fettdruck, aber nicht durch Unterstreichung hervorgehoben werden. Es steht auch kein Doppelpunkt dahinter.

Das Bewerbungsschreiben formgerecht nach DIN 5008 erstellen

1 ***Setzen Sie sich mit den Möglichkeiten der Datumsangabe auseinander (➪Kapitel 10, S. 144).***

a) Informieren Sie sich über die verschiedenen Möglichkeiten, das Datum zu schreiben.

b) Welche Möglichkeit würden Sie bevorzugen?

2 ***Erklären Sie, warum keine Handynummer angegeben werden sollte (➪Kapitel 10, S. 143).***

Basiswissen — Das Anschriftenfeld

Das Anschriftenfeld umfasst neun Zeilen (eine Zeile ist durch einen Punkt gekennzeichnet). Beispiel:

• Zusätze und Vermerke wie z. B. persönlich, Einschreiben	•
• wenn nicht vorhanden: Zeile(n) frei lassen	•
•	•
• Name des Unternehmens	• Müller AG
• wenn nötig: Abteilung	• Personalabteilung
• wenn bekannt: Adressat	• Herrn Müller
• Straße und Hausnummer	• Buchweg 9
• Postleitzahl und Ort	• 12345 Schafhausen
•	•

Hinweis: Die bisher übliche Leerzeile vor PLZ und Ort entfällt.

3 ***Setzen Sie sich mit dem Anschriftenfeld auseinander.***

a) Erläutern Sie, warum das Anschriftenfeld korrekt ausgefüllt werden muss.

b) Wählen Sie eine Firma aus, bei der Sie sich bewerben möchten. Erstellen Sie das Anschriftenfeld.

Basiswissen — Die Anredeformen

Es gibt zwei verschiedene Anredeformen: die persönliche (*Sehr geehrte Frau X* bzw. *Sehr geehrter Herr X*) und die unpersönliche (*Sehr geehrte Damen und Herren*).

4 ***Sprechen Sie den Leser des Anschreibens richtig an.***

a) Wann benutzt man welche Anredeform?

b) Welche Verbindung besteht zwischen Anschriftenfeld und Anredeformen?

Ein Problem in Briefen stellt die Schreibung von **Straßennamen** dar (➪Kapitel 2, S. 36, 37).

5 ***Testen Sie sich und Ihre Mitschüler bei der Schreibung von Straßennamen.***

a) Wie wird Ihre Straße richtig geschrieben? Notieren Sie sie.

b) Jeder Schüler sagt seine Straße. Schreiben Sie die Straßennamen Ihrer Mitschüler auf und vergleichen Sie.

6 ***Auf welche formalen Vorschriften müssen Sie außerdem achten (Stichwort: DIN 5008)?***

a) Informieren Sie sich z. B. im Internet, welche Vorschriften für das Abfassen eines Anschreibens gelten.

b) Überprüfen Sie das Anschreiben auf S. 91 auf die Einhaltung aller formalen Regeln.

Das Bewerbungsschreiben inhaltlich gestalten

Besonders schwer fällt es vielen, die Inhalte des Bewerbungsschreibens ansprechend zu formulieren. Obwohl in der Regel Standardformulierungen benutzt werden, sollten Sie dennoch darauf achten, keine Floskeln zu verwenden, sondern Informationen mitzuteilen.

1 ***Die inhaltlichen Informationen des Bewerbungsschreibens sollten in der Reihenfolge stehen, in der sie im Muster (➪ S. 92) aufgeführt sind. Erläutern Sie, warum diese Reihenfolge eingehalten werden sollte (➪ Kapitel 10, S. 143).***

2 ***Erarbeiten Sie Formulierungshilfen für die inhaltliche Gestaltung des Bewerbungsschreibens. Bilden Sie dazu mindestens vier Gruppen und verteilen Sie die ersten vier inhaltlichen Abschnitte eines Anschreibens auf die Gruppen.***

a) Verfassen Sie möglichst viele verschiedene Formulierungen für Ihren Abschnitt.
b) Stellen Sie die Ergebnisse Ihrer Gruppe auf einem zweckdienlichen Medium zusammen.
c) Untersuchen Sie, ob die vorgeschlagenen Formulierungen in eine Bewerbung passen. Diskutieren Sie in der Klasse, welche Sie für geeignet halten und welche für ungeeignet.
d) Stellen Sie aus den Ergebnissen eine Liste mit Formulierungshilfen zusammen.

Sprache und Stil

3 ***Bewerten Sie die folgenden Formulierungen aus dem Bewerbungsschreiben von Olaf Schmitz (➪ S. 91). Verbessern Sie Fehler oder formulieren Sie neu.***

- Ich möchte gern als Bürokaufmann arbeiten. Hierzu wäre eine Ausbildung zum Bürokaufmann Grundlage.
- Der Berufsberater des Arbeitsamtes hat mir empfohlen, einen Kaufmännische Beruf zu ergreifen.
- Ich habe große kaufmännische Verständnis.
- Aus meinen Bewerbungsunterlagen können Sie entnehmen, dass ich mich für den Beruf eines Bürokaufmanns besonders eigne.

4 ***Überlegen Sie, wie Sie folgende Sachverhalte in einem Bewerbungsschreiben formulieren könnten. Schreiben Sie vollständige Sätze auf. Verwenden Sie die Formulierungshilfen von Aufgabe 2.***

- Sie haben mit Frau Groß aus der Personalabteilung telefoniert; sie hat Ihnen mitgeteilt, dass in ihrer Firma ein Ausbildungsplatz zu besetzen ist.
- Sie haben sich bereits mit dem Berufsbild beschäftigt und wissen, was auf Sie zukommt.
- Sie haben in der Firma vor einem Jahr ein Praktikum (zwei Wochen) gemacht, das Ihnen sehr gefallen hat.

5 ***Erstellen Sie am Computer mithilfe eines Textverarbeitungsprogramms Bewerbungsschreiben.***

a) Verbessern Sie das Bewerbungsschreiben von Olaf Schmitz (➪ S. 91).
b) Verfassen Sie ein Bewerbungsschreiben für eine Praktikumsstelle, die Sie sich aussuchen würden.

Den Lebenslauf schreiben

Mit dem Lebenslauf teilen Sie dem Unternehmen sehr persönliche Dinge von sich selbst mit. Er darf keine Lücken enthalten, sonst scheint es so, als wollten Sie etwas verbergen. Die Inhalte eines Lebenslaufs sind sehr individuell, aber die Form ist an Regeln gebunden. Über folgende Inhalte sollte das Unternehmen informiert werden:

Muster

Lebenslauf

Persönliche Daten
Name:
Vorname:
Geburtsdatum:
Geburtsort:
Wohnort:
(Staatsangehörigkeit:)

Schulbildung

August 19.. – Juni 19..	Grundschule xy
August 19.. – Juni 19..	xy
Abschluss:	
August 20.. – voraussichtl. Juli 20..	
Abschluss:	

Sonstiges
Besondere Fähigkeiten und Kenntnisse:
Praktika:
Hobbys:

Ort, Datum

Unterschrift

Tipp Das Foto muss aktuell sein. Es wird mithilfe einer Fototasche befestigt oder sauber aufgeklebt.

Tipp Legen Sie von Schul- und Praktikazeugnissen immer nur Kopien bei, niemals das Original.

Tipp Das Datum des Lebenslaufs und das Datum des Bewerbungsschreibens müssen übereinstimmen.

Tipp Unterschrieben wird immer mit vollem Namen und leserlich.

1 *Sie wollen sich für einen kaufmännischen Ausbildungsberuf bewerben. Überlegen Sie, ob es sinnvoll ist, Ihre Hobbys (Klarinette spielen im Musikverein und Zeichnen) im Lebenslauf anzugeben.*

2 *Die Schülerin Michaela Müller unterschreibt den Lebenslauf so: Wie bewerten Sie als Personalchef diese Unterschrift?*

3 *Erstellen Sie am Computer einen persönlichen Lebenslauf für die Bewerbung um Ihre Praktikumsstelle.*

Basisbaustein

Die Bewerbungsunterlagen zusammenstellen

Arbeitstechnik | **Bewerbungsunterlagen zusammenstellen**

- Stellen Sie Ihre positiven und negativen Persönlichkeitsmerkmale auf einem Blatt gegenüber.
- Fügen Sie die in dem von Ihnen gewählten Ausbildungsberuf geforderten Qualifikationen hinzu.
- Fassen Sie Gemeinsamkeiten zusammen.
- Ermitteln Sie die Adresse eines geeigneten Ausbildungsbetriebs.
- Erstellen Sie den Inhalt des Bewerbungsschreibens. Achten Sie besonders auf individuelle Formulierungen. Verfassen Sie das Bewerbungsschreiben und beachten Sie dabei die Formvorschriften.
- Schreiben Sie den Lebenslauf und achten Sie auf das aktuelle Datum.
- Fügen Sie alle notwendigen Unterlagen zeitlich geordnet und als Kopien hinzu.

Wenden Sie Ihr Wissen zusammenfassend an.

1 ***Was müssen Sie bei der Auswahl der Passfotos beachten?***

a) Warum sollte man auf Passfotos aus dem Automaten besser verzichten?

b) Welche Alternative gibt es?

2 ***Was müssen Sie bei Ihren Zeugniskopien beachten?***

a) Eine Mitschülerin möchte sparen und scannt ihre Zeugnisse ein. Die Ausdrucke legt sie ihren Bewerbungsunterlagen bei. Wie beurteilen Sie dieses Vorgehen?

b) Worauf sollte bei Kopien geachtet werden?

3 ***Versetzen Sie sich in die Lage eines Personalchefs und begründen Sie, welche Bewerbungsunterlagen Sie wieder zurücksenden würden.***

4 ***Leiten Sie aus Ihren Antworten eine Positiv-Checkliste ab unter der Überschrift: „Die schriftliche Bewerbung sollte folgenden Anforderungen genügen: ..."***

5 ***Erkennen Sie den kommunikativen Gehalt eines Bewerbungsschreibens?***

a) Mit einem Bewerbungsschreiben kommunizieren Sie mit einem Unbekannten. Welche Informationen erhält dieser Unbekannte von Ihnen bewusst?

b) Erläutern Sie, was Sie darüber hinaus von sich preisgeben.

c) Inwieweit können Sie steuern, was der andere erfährt?

6 ***Erstellen Sie für einen konkreten Ausbildungsberuf für sich eine vollständige Bewerbung.***

Basiswissen | **Vollständige Bewerbungsunterlagen**

Bewerbungsschreiben

- Inhalt interessant gestalten (Interesse bekunden, Angaben zur Person und zu Kenntnissen und Fähigkeiten machen); Formvorschriften beachten

Lebenslauf

- lückenlos, Unterschrift und Datum beachten

Zeugnisse/Leistungsnachweise

- sauber und vollständig kopiert, chronologisch geordnet

Passfoto

- aktuell, Qualität beachten

Exkurs 2: Einen Bericht schreiben – am Beispiel von Praktikumsberichten

In verschiedenen Lebenssituationen muss man anderen Personen über ein Geschehen berichten. Wichtige Arten sind der Projektbericht (➪ Kapitel 8, S. 127), der Unfallbericht (z. B. Wege-, Arbeitsunfall) und der Praktikumsbericht. Dieser wird unterteilt in Tages- und Wochenbericht.

Basiswissen **Bericht**

Inhalt: Ein Bericht enthält nur wesentliche und nachprüfbare Informationen, die Antwort auf die W-Fragen geben. Die eigene Meinung gehört nicht in einen Bericht.

Aufbau: Die Reihenfolge der Inhalte kann entweder nach ihrem zeitlichen Ablauf oder nach Themengebieten erfolgen (in einem Praktikumsbericht kann man z. B. zu den Themen „Kollegen" oder „Aufgaben" berichten).

Sprache: Die Sprache ist sachlich und fachbezogen, die Formulierungen sind knapp und präzise.

Zeitform: Der Bericht ist im Präteritum verfasst. Das Präsens kann verwendet werden, wenn über wiederkehrende Vorgänge berichtet wird oder eine Vorausschau stattfindet.

Tagesbericht

Mein erster Arbeitstag begann am 16. Januar bei Schmitz in Aachen. Bevor meine Arbeit um 10:30 Uhr anfing, stellte meine Betreuerin, Frau Winkler, mich den Kollegen vor. Anschließend zeigte sie mir das Geschäft und das Lager. Nun zeigte und erklärte sie mir meinen Arbeitsbereich. Ich fing an, die Tische und die Hängeware nach Artikelnummer, Farbe und Größe zu sortieren. Als ich mit meiner Arbeit fertig war, machte ich meine erste Pause von 12:30 Uhr bis 13:00 Uhr. Nach meiner Pause bekam ich von Frau Winkler eine Liste, auf der die ganze Ware und reduzierte Preise draufstanden. Ich begann, jedes einzelne Teil zu suchen und zu reduzieren. Nun machte ich meine zweite Pause von 15:30 Uhr bis 16:00 Uhr. Da nicht mehr viel zu machen war, ordnete ich noch mal die Tische und die Hängeware. Zum Schluss spülte ich die benutzten Tassen und Löffel. Kurz vor Ende putzte ich das Geschäft und ging anschließend um 18:30 Uhr nach Hause.

Wochenbericht: Erste Woche (16.01. bis 20.01.)

Am ersten Tag wurden mir zunächst alle Bereiche gezeigt und die anderen Mitarbeiter vorgestellt. Danach durfte ich mich direkt an die Arbeit machen. Ich habe mich mit den Kindern bekannt gemacht und mit ihnen gespielt, gemalt und gebastelt. Die Tage danach waren sehr schön. Die Kinder hatten sich an mich gewöhnt und mir ihr Vertrauen geschenkt. Wenn die Kinder eine Frage hatten, kamen sie direkt auf mich zu. Auch die Eltern waren sehr freundlich zu mir. Am Donnerstagnachmittag war Vorschulunterricht. Ich durfte den Kindern beim Weben helfen. Jedes Kind hatte einen kleinen Webrahmen, mit dem es weben musste. Ich denke, das Weben hat ihnen große Freude bereitet. Am Freitag ist Putztag im Kindergarten. Dabei wird der ganze Raum sauber gemacht (Staubsaugen und Staubwischen). Ich habe den Raum und den Eingang gesaugt.

1 *Untersuchen Sie die Berichte.*

a) Wie wirken die Berichte auf Sie?

b) Welche Informationen können Sie den Berichten entnehmen?

c) Entsprechen die Berichte den Anforderungen (➪ Basiswissen)? Welche Fehler entdecken Sie?

Sprache und Stil

2 ***Verbessern Sie die Formulierungen in den Praktikumsberichten.***

a) Lesen Sie sich die Berichte von Seite 97 nochmals durch. Achten Sie dabei besonders auf die Sprache.
- Schreiben Sie drei Formulierungen heraus, die Sie für gelungen halten.
- Schreiben Sie drei Formulierungen heraus, die Sie unangebracht finden. Formulieren Sie sie um.
- Wo finden sich eigene Meinungen in den Berichten? Schreiben Sie die Textstellen um.

b) Sammeln Sie mithilfe einer Mindmap andere Wörter für *machen* und *zeigen*.

3 ***Schreiben Sie Berichte. Die folgende Arbeitstechnik hilft Ihnen.***

a) Wählen Sie einen der Praktikumsberichte von Seite 97 aus und schreiben Sie ihn neu. Falls Daten fehlen, erfinden Sie diese.

b) Verfassen Sie zu Ihrem Praktikum oder zu Ihrem Nebenjob einen Tages- und einen Wochenbericht.

Arbeitstechnik – **Einen Bericht verfassen**

- Schreiben Sie alle wichtigen Informationen auf.
- Kontrollieren Sie, ob auch alle W-Fragen beantwortet werden.
- Wählen Sie das zu Ihrem Bericht bzw. Ereignis passende Gliederungsverfahren aus.
- Sortieren Sie die Informationen entsprechend der gewählten Gliederung.
- Überprüfen Sie, ob alle vorhandenen Informationen wirklich wichtig sind. Streichen Sie Unwichtiges.
- Schreiben Sie den Bericht. Beachten Sie dabei die Anforderungen an die sprachliche Gestaltung und verwenden Sie das Präteritum.

Fazit

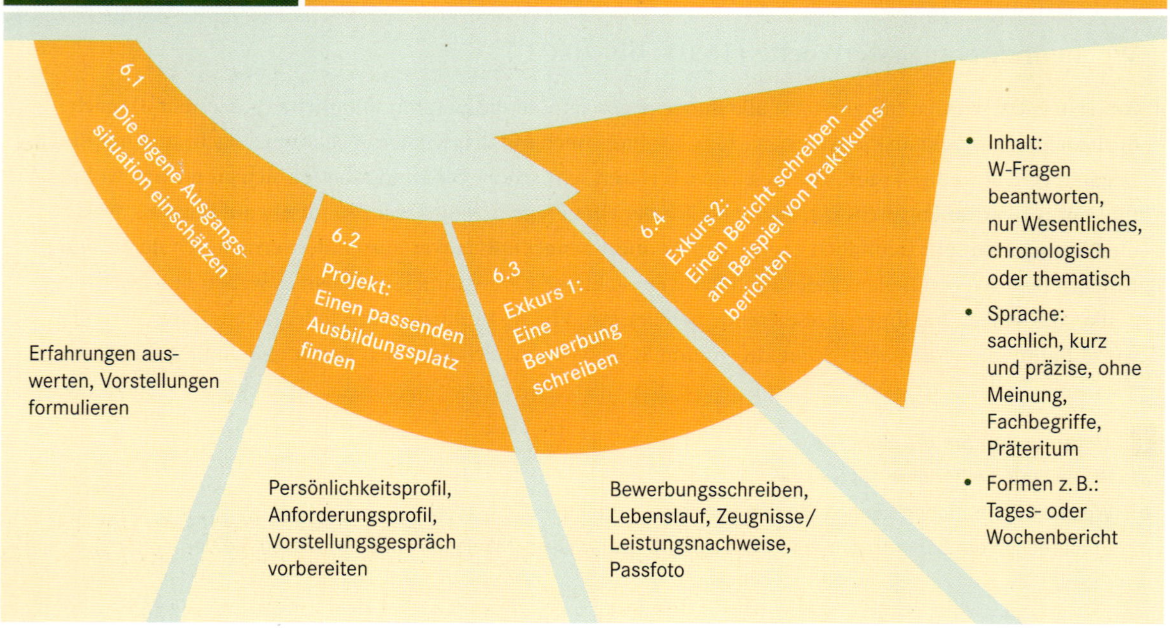

Kapitel 7

Grundlegende Arbeitstechniken

7.1 Lerntechniken

7.2 Lesetechniken

7.3 Zuhörtechniken

Mithilfe von eingeübten Techniken können Sie sich die Arbeit im Deutschunterricht erleichtern. Mit wenig Aufwand schaffen die richtigen Lerntechniken die Voraussetzung für erfolgreiches Lernen. Mithilfe von Lesetechniken können Sie jeden Text, sowohl Sachtext als auch literarischen Text, schnell und umfassend verstehen. Zuhörtechniken erleichtern die Kommunikation und helfen Ihnen, im Alltag und im Berufsleben Missverständnisse zu vermeiden. Dieses Kapitel bietet Ihnen viele Informationen und Übungen zu den entsprechenden Techniken.

Was ich aus anderen Kapiteln weiß

- ✔ Ein gutes Zeitmanagement ist für die Arbeit an Projekten wichtig (→ Kapitel 8).
- ✔ Lesetechniken sind wichtig, um Texte gut verstehen und bearbeiten zu können (→ Kapitel 4).

Lerntechniken

Gewusst wie!

Cevat:
Als ich klein war, verbrachte ich viel Zeit auf dem Basketballplatz neben dem Spielplatz. Dort war ständig was los! Mit den anderen zusammen Basketball spielen ist für mich das Größte. Für diese Sportart braucht man Teamarbeit. Weil wir wissen, dass wir zusammenhalten und füreinander spielen müssen, üben wir oft gemeinsam. In der Gruppe findet man auch Freunde, immer wieder kommen neue dazu.

Jennifer:
Ein guter Freund von mir spielt Football und durch ihn hatte ich die Idee, Cheerleaderin zu werden. Ich bin jetzt fast vier Monate dabei. Zweimal in der Woche trainieren wir. Durch das Training und das genaue Hinschauen und auch Abschauen kann ich schon viele Tänze. Wir bauen natürlich auch Pyramiden und Ähnliches. Das macht riesigen Spaß. Mit unseren Übungen feuern wir die Spieler an. Wenn sie dann gewinnen, sind wir ganz besonders stolz auf sie.

Kevin:
Also ich kann vieles! Aber am liebsten zeichne ich. Irgendwann habe ich angefangen, Comics nachzuzeichnen, dann habe ich kleine Skizzen und Karikaturen von meinen Freunden gemacht. Es ist nicht immer einfach, das Besondere eines Menschen hervorzuheben. Aber ich übe oft, betrachte mir Karikaturen und zeichne sie nach.

Aysa:
Ich kann besonders gut andere und mich frisieren und schminken. Vielleicht werde ich Stylistin und mache so mein Hobby zum Beruf. Als ich mit 8 Jahren angefangen habe, meine Schwester und mich zu schminken, war meine Mutter nicht so begeistert, weil sie dachte, wir würden so rausgehen. Das haben wir aber nicht gemacht, außer zum Fasching oder zu Halloween. Von meiner Tante habe ich dann gelernt, wie man sich richtig schminkt, und vor allem, wie man Haare flicht. Erst habe ich ihr zugeschaut und dann hat sie mir mehrere Male gezeigt, wie man den Finger halten muss. Heute flechte ich all meinen Freundinnen die Haare. Ich kann an der Kopfhaut entlang, zickzack, gedreht ... flechten. Das macht viel Spaß und sieht super aus. Von meiner Tante hole ich mir immer noch Tipps.

1 *Untersuchen Sie die Äußerungen der Jugendlichen.*

a) Welche besonderen Fähigkeiten haben die Jugendlichen?

b) Wie haben Kevin und seine Freunde ihre Ziele erreicht?

2 *Beurteilen Sie Ihre eigenen Fähigkeiten.*

a) Notieren Sie, was Sie selbst gut können und wann und wie Sie das gelernt haben.

b) Formulieren Sie Lerntipps für jemanden, der das lernen möchte, was Sie sehr gut können.

c) Was möchten Sie (besser) können?

d) In welchen Bereichen des schulischen Lernens benötigen Sie Unterstützung?

Jeder lernt anders

1 *Wie finde ich heraus, welcher Lerntyp ich bin? – Machen Sie einen Versuch und lösen Sie mit einer Partnerin/einem Partner die folgenden vier Aufgaben.*

a) Schreiben Sie eine Liste von zehn Wörtern auf (am besten Nomen, z. B. Hose, Knie, Regen, Blume). Ihre Partnerin/Ihr Partner deckt die Liste ab und zeigt Ihnen nacheinander die einzelnen Wörter jeweils zwei Sekunden lang. Wenn alle Wörter aufgedeckt sind, dürfen Sie noch fünf Sekunden auf die zehn Wörter schauen. Lösen Sie nun fünf leichte Rechenaufgaben, z. B. 56 – 9, 33 : 11. Schreiben Sie jetzt die Wörter auf, an die Sie sich noch erinnern. Dann wechseln Sie die Rollen.

b) Dieses Mal liest Ihnen Ihre Partnerin/Ihr Partner die Wörter (neue Liste) im Abstand von zwei Sekunden vor. Lösen Sie wieder fünf leichte Rechenaufgaben. Schreiben Sie dann die Wörter auf, an die Sie sich erinnern.

c) Nun schreiben Sie die Wörter von der Liste auf einen anderen Zettel. Machen Sie dann wieder Rechenaufgaben. Schreiben Sie nun die Wörter auf, an die Sie sich noch erinnern.

d) Jetzt werden von Ihrer Partnerin/Ihrem Partner zehn Gegenstände (z. B. Kleber, Füller, Heft) jeweils zwei Sekunden hochgehalten. Dann folgt der gleiche Ablauf wie oben.

2 *Werten Sie den Versuch aus: Zählen Sie, bei welcher Aufgabe Sie sich die meisten Wörter merken konnten. Je nach Ergebnis werden Sie einem bestimmten Lerntyp zugeordnet:*

a) Lesetyp	b) Hörtyp	c) Schreibtyp	d) Sehtyp

Wenn Ihr Ergebnis z. B. lautet a) 4, b) 8, c) 4, d) 7, sind Sie ein Hör- und Sehtyp.
Tipp: Man kann in zwei Bereichen ähnliche Ergebnisse erzielen.

3 *Überlegen Sie, wie Sie stärker Ihrem Lerntyp bzw. Ihren Lerntypen entsprechend lernen können.*

Hier sehen Sie die empfohlenen Lerntechniken für die jeweiligen Lerntypen auf einen Blick:

Lesetyp
- Lesen Sie alle Notizen aus dem Unterricht noch einmal zu Hause nach.
- Lesen Sie zusätzliche Texte aus Internet, Lexikon, Zeitschriften.

Schreibtyp
- Schreiben Sie den Lernstoff ab.
- Fassen Sie den Lernstoff schriftlich zusammen.

Hörtyp
- Lesen Sie zu Hause Ihre Notizen halblaut.
- Lassen Sie Mitschüler oder Eltern schwierigen Lernstoff noch einmal erklären.

Sehtyp
- Stellen Sie sich den Lernstoff bildlich vor, zeichnen Sie Skizzen und Schaubilder zum Lernstoff.

Tipp: **Wenn Sie mehreren Lerntypen entsprechen, kombinieren Sie die Lerntechniken. So festigt sich das Wissen noch besser.**

Ordnung in Heft, Ordner oder Portfolio

Die Grundlage für das Lernen auf Klassenarbeiten und Prüfungen ist ein ordentlich geführtes Heft bzw. Ordner oder Portfolio. Alles sollte so geordnet sein, dass Sie sofort mit dem Lernen anfangen können und nicht lange nach den richtigen Materialien suchen müssen.

Ihr Heft, Ordner oder Portfolio sollte folgendermaßen aussehen:

geordnet:	• Datum • Überschrift (Thema, Hausarbeit oder Schularbeit)
strukturiert:	• Nummerierung der Seitenzahlen in Ordner und Portfolio • im Ordner nach Fächern unterteilen (Trennseiten)
übersichtlich:	• Farben verwenden • Wichtiges markieren oder unterstreichen (z. B. Überschriften) • Platz am Rand für Ergänzungen freilassen • Symbole benutzen (z. B. „!" für „sehr wichtig")
lesbar:	• deutlich schreiben • nur wenige, sinnvolle Abkürzungen verwenden

1 *Nehmen Sie sich vor, über einen festgelegten Zeitraum die Vorgaben der Liste zu beachten. Stellen Sie sich dann folgende Fragen: Welche Nachteile hat die Einhaltung der Liste für mich? Welche Vorteile hat die Einhaltung der Liste für mich?*

Arbeitstasche und Arbeitsplatz

In Ihrer **Arbeitstasche** sollte all das enthalten sein, was Sie tatsächlich am nächsten Tag im Unterricht benötigen: Hefte oder Ordner, Schulbücher, Schreibmaterialien, Arbeitsmaterialien für die einzelnen Fächer (z. B. Geodreieck, Lineal, Taschenrechner), Hausaufgabenheft sowie Pausenbrot und Getränk. Lose Blätter sollten Sie abheften.

An Ihrem **Arbeitsplatz** sollten Sie ungestört arbeiten können. Wichtige Unterlagen und Arbeitsmaterialien sollten dort griffbereit zur Verfügung stehen. Ihre Leistungsfähigkeit nimmt ab, wenn Sie ständig gestört und unterbrochen werden.

1 *Formulieren Sie mithilfe dieser Abbildung einen zusammenhängenden Text, in dem Sie einen optimal gestalteten Arbeitsplatz beschreiben.*

Mitschreiben im Unterricht

Übersichtliche Mitschriften im Unterricht sind eine wichtige Grundlage für den Lernerfolg. Sie haben dabei folgende Möglichkeiten:

A Sie notieren während des Unterrichts alles Wichtige in Feld A (➪ Abbildung).
Zu Hause wiederholen Sie den Lernstoff und nehmen in Feld B Ergänzungen vor.
Die Ergänzungen können sein: Überschriften, Hinweise auf Arbeitsblätter oder Seiten im Arbeitsbuch, Fragen, Kommentare oder Schlussfolgerungen.

B Sie legen während des Unterrichts eine Mindmap an. Dies bietet sich z. B. bei Diskussionen oder Vorträgen an. Auch beim Sammeln von Ideen für eine Stellungnahme oder ein Projekt ist das Anlegen einer Mindmap sinnvoll (➪ Kapitel 9, S. 134, 135).

C Sie erstellen eine **lineare Gliederung** (➪ Kapitel 9, S. 134), z. B. beim Sammeln von Argumenten oder Ideen.

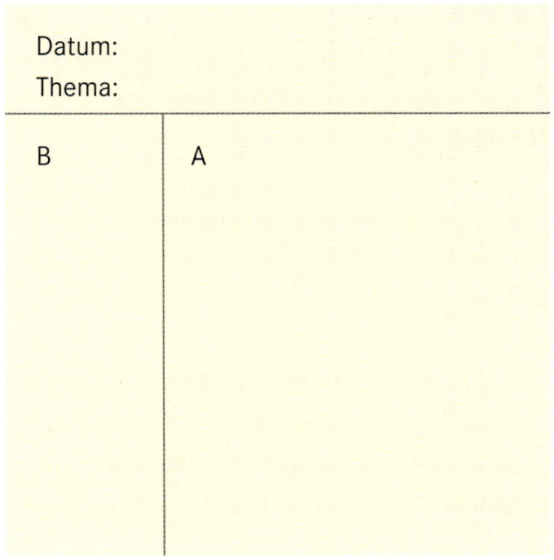

1 *Testen Sie die oben beschriebenen Arten des Mitschreibens. Was liegt Ihnen am meisten?*

2 *Ihre Klasse diskutiert über eine Teilnahme an der Übungsfirmenmesse. Ihre Lehrkraft hat stichwortartig die Redebeiträge zusammengefasst und die Stichworte ungeordnet untereinander an die Tafel geschrieben:*

Messestand, Flyer … – was brauchen wir alles?
Andere Übungsfirmen kennen lernen
Lernen außerhalb der Schule gut für die Klassengemeinschaft
Fahrt? Fahrtkosten?
Nachmittags!
Wir können zeigen, was wir können
Englischarbeit am nächsten Tag
Austausch mit anderen
Verpflegung?
Es sollen auch mal andere auf- und abbauen.

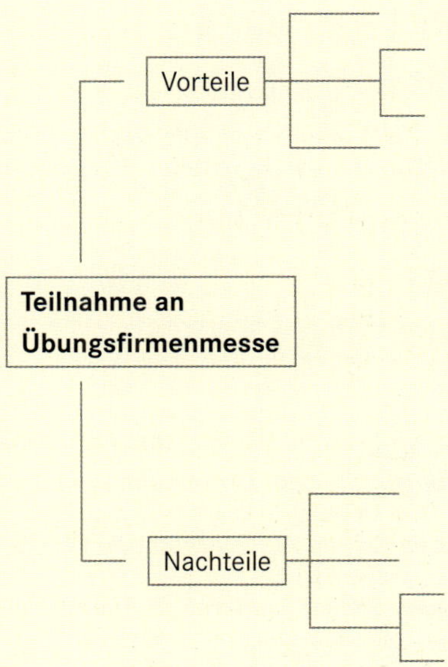

a) Ordnen Sie die Beiträge und gestalten Sie eine Mindmap. Berücksichtigen Sie dabei auch die Hinweise zur Gestaltung des Heftes auf S. 102.

b) Schauen Sie sich die Mindmap Ihrer Nachbarin/Ihres Nachbarn an. Tauschen Sie sich darüber aus.

Zeiteinteilung/Planungsmethoden

Mit der **ALPEN-Methode** können Sie Ihren Lernnachmittag gut strukturieren:

A lle Aufgaben, Aktivitäten und Termine zusammenstellen
L änge der Tätigkeiten (Zeitbedarf) schätzen
P ufferzeiten für Unvorhergesehenes reservieren
E ntscheidungen über Prioritäten und Kürzungen treffen
N achkontrolle – Unerledigtes übertragen

Die Aufgaben, die erledigt werden müssen, können Sie in **ABC-Aufgaben** einteilen.
Mit dieser Einteilung gewichten Sie die Aufgaben nach Dringlichkeit:
A: sehr wichtig **B:** wichtig **C:** nicht so eilig

Eine gute Zeiteinteilung ist wichtig, damit Sie Hausaufgaben, Klassenarbeiten und Prüfungen gut bewältigen können. Ein **Wochenplan** kann Ihnen dabei helfen, effektiv zu lernen. Achten Sie darauf, dass Sie auch Zeit für Hobbys einplanen. Finden Sie heraus, zu welchen Zeiten Sie besonders gut arbeiten können, und richten Sie Ihren Plan danach.

So könnte ein Wochenplan im zweiten Jahr der Berufsfachschule vor einer Klassenarbeit oder der Prüfung aussehen:

Muster

Zeit	*7:45*	*13:00*	*14:00*	*15:00*	*16:00*	*17:00*	*18:00*	*19:00*	*20:00*
Montag	*Unterricht*			*Hausaufgaben*					
Dienstag	*Unterricht*			*Hausaufgaben*				*Sport*	
Mittwoch	*Unterricht*			*Hausaufgaben*		*Prüfungsvorbereitung*			
Donnerstag	*Unterricht*					*Hausaufgaben*			
Freitag	*Unterricht*			*Hausaufgaben*				*Sport*	
Samstag		*Prüfungsvorbereitung*							
Sonntag	*frei*								

1 *Notieren Sie eine Woche lang, womit Sie nach der Schule Ihre Zeit verbringen und welche Störungen Sie vom Lernen abhalten.*

2 *Wenden Sie die ALPEN-Methode für die Gestaltung Ihres Lernnachmittags an.*

3 *Schauen Sie sich konkret die Hausaufgaben des heutigen Tages an. Differenzieren Sie zwischen A-, B- und C-Aufgaben.*

4 *Erstellen Sie einen Wochenplan, in den Sie die Zeiten für Hausaufgaben und die Vorbereitungszeit für die nächste Klassenarbeit in Deutsch eintragen. Orientieren Sie sich am Muster oben.*

5 *Führen Sie einen Kalender mit Ihren Terminen oder bringen Sie eine Terminübersicht gut sichtbar an Ihrem Arbeitsplatz an.*

Lernvereinbarung

In einer persönlichen **Lernvereinbarung** halten Sie Ihr Lernziel fest und schreiben auf, wie Sie dieses erreichen wollen. An Terminen, die Sie selbst festgelegt haben, überprüfen Sie die Einhaltung Ihres Vertrags. Sie können eine weitere Person in diese Lernvereinbarung mit einbeziehen, die mit Ihnen gemeinsam darauf achtet, dass Sie Ihr Ziel erreichen. So könnte Ihre Lernvereinbarung für die nächste Klassenarbeit in Deutsch aussehen:

Muster

1. Mein Ziel:

Ein gutes Ergebnis in der nächsten Klassenarbeit im Fach Deutsch

2. So will ich dieses Ziel erreichen:

Ich nehme mir vor:

- mich genau über die Anforderungen in der nächsten Klassenarbeit zu informieren
- einen Wochenplan zu erstellen
- den Lernstoff zu wiederholen, indem ich meine Unterlagen durcharbeite und im Lehrbuch passende Übungen bearbeite
- meinen Lehrer oder meine Lehrerin bei Unklarheiten zu fragen

Ich bin dafür verantwortlich, dass:

- mein Arbeitsplatz aufgeräumt ist
- ich Ruhe zum Lernen habe
- die benötigten Arbeitsmittel vorhanden sind

Ich überprüfe die Vereinbarung an folgenden Terminen:

5.3., 9.3.

1 *Formulieren Sie Ihre persönliche Lernvereinbarung für die nächste Arbeit im Fach Deutsch. Überprüfen Sie diese an festgelegten Terminen und ändern Sie sie, falls notwendig. Nutzen Sie das vorliegende Muster. Schreiben Sie es ab und ergänzen Sie es.*

Eine Alternative zur Lernvereinbarung ist das **Lerntagebuch**, in das Sie alles schreiben können, was Ihnen beim Lernen Probleme bereitet. Durch das Schreiben reflektieren Sie noch einmal Ihr Lernverhalten. Sie können, falls notwendig, Ihr Lernverhalten entsprechend ändern.

Lernhilfen

Es gibt verschiedene Lernhilfen, die Sie anwenden können. Probieren Sie die folgenden Möglichkeiten aus und schauen Sie, mit welcher Sie gut arbeiten können.

Beim **Spickzettel** ist das Wesentliche übersichtlich und einprägsam, in Stichworten oder in Form einer Mindmap (➪ Kapitel 9, S. 134, 135) zusammengefasst.

Die **Checkliste** ist eine Liste mit Fragen. Die Fragen formulieren die wichtigsten Inhalte eines Themas. Nach Beantwortung können die Fragen abgehakt werden. So behalten Sie den Überblick, was Sie schon bearbeitet haben.

Auf eine **Lernkarte** schreiben Sie entweder das, was Sie sehr gut können (grüne Lernkarte), oder das, was Sie häufig falsch machen (rote Lernkarte). Markieren Sie die Fehlerquellen farbig, damit Sie diese sofort erkennen.

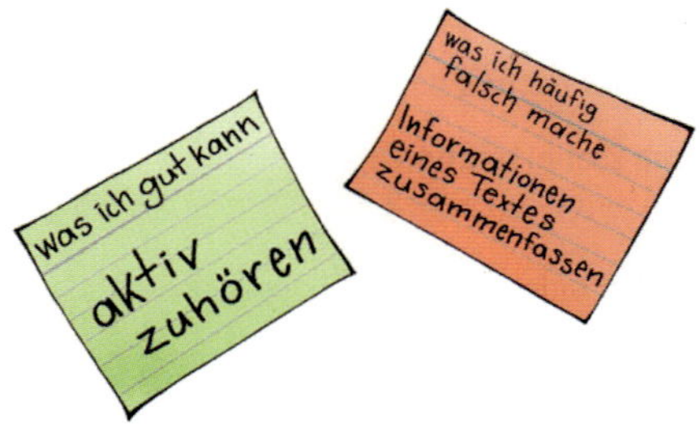

Eine Checkliste zum Thema „Inhaltsangabe zu einem literarischen Text“ (➪ Kapitel 5, S. 79) könnte so aussehen:

Muster

Checkliste: Inhaltsangabe zu einem literarischen Text

- ○ Werden im Einleitungssatz Autor, Titel und Textart genannt?
- ○ Ist das Thema klar?
- ○ Wird das Thema am Anfang benannt?

- ○ Wird nur Wichtiges angeführt?
- ○ Gibt die Inhaltsangabe Antworten auf die W-Fragen?

- ○ Werden wesentliche Handlungsschritte genannt?
- ○ Ist die Reihenfolge schlüssig?

- ○ Ist die Inhaltsangabe kurz?

- ○ Wird auf direkte Rede verzichtet?
- ○ Wird das Präsens (bzw. Perfekt bei früheren Geschehnissen) benutzt?

- ○ Wird auf persönliche Wertung verzichtet?
- ○ Werden spannungssteigernde Elemente weggelassen?

1 *Erstellen Sie einen Spickzettel zur Inhaltsangabe von Sachtexten. Orientieren Sie sich an den Angaben der Checkliste und informieren Sie sich in Kapitel 4.*

2 *Stellen Sie eine Checkliste für das Schreiben einer Figurencharakteristik (➪ Kapitel 5) zusammen.*

Gruppenarbeit/Teamarbeit

Bei der Arbeit in einer Gruppe oder in einem Team muss nach festgelegten Regeln und Abläufen gearbeitet werden.

Verhaltensregeln:
- Lassen Sie die anderen ausreden.
- Hören Sie einander zu.
- Lassen Sie jeden zu Wort kommen.
- Arbeiten Sie miteinander und nicht gegeneinander.
- Arbeiten Sie mit.
- Arbeiten Sie zielorientiert.

Ablauf:
- Verteilen Sie die Arbeit. Bestimmen Sie, wer für welche Aufgabe zuständig ist, z. B. für das Protokoll, für die Zeitplanung, für die Präsentation.
- Legen Sie Termine fest: Wer macht was bis wann?

Auswertung:
- Welche Erfahrungen haben Sie gemacht?
- Was nehmen Sie sich für die nächste Gruppenarbeit vor?

Bei der Auswertung der Gruppenarbeit hilft Ihnen folgender Feedback-Bogen (➪ Feedback-Regeln, Kapitel 9, S. 132, 133):

Muster

Auswertung einer Gruppendiskussion/Gruppenentscheidung

Unser Thema heute: ...

1. In welchem Umfang haben die anderen Gruppenmitglieder Ihnen zugehört und Ihre Ideen verstanden?

Überhaupt nicht 1 2 3 4 5 Völlig

2. Was glauben Sie, wie einflussreich Sie bei der Entscheidung Ihrer Gruppe waren?

Überhaupt nicht 1 2 3 4 5 Sehr

3. In welchem Umfang fühlen Sie sich der Entscheidung Ihrer Gruppe verpflichtet?

Überhaupt nicht 1 2 3 4 5 Völlig

4. In welchem Umfang sind Sie mit dem Arbeitsergebnis Ihrer Gruppe zufrieden?

Überhaupt nicht 1 2 3 4 5 Völlig

5. Wie viel haben Sie während Ihrer Diskussion über das Sachthema gelernt?

Überhaupt nichts 1 2 3 4 5 Viel

1 *Führen Sie selbst eine Gruppenarbeit/Teamarbeit durch. Stellen Sie zunächst Verhaltensregeln für Ihre Gruppe auf. Halten Sie alles, was Sie verbindlich festlegen, in einem Protokoll fest (➪ Kapitel 8, S. 126).*

Lesetagebuch

In einem **Lesetagebuch** halten Sie alles fest, was Sie im Zusammenhang mit der Lektüre eines literarischen Textes beschäftigt. Notieren Sie:

- Eindrücke zu den einzelnen Kapiteln
- Überlegungen, wie es weitergehen könnte
- Gedanken zu besonders interessanten Stellen
- Informationen über die Autorin/den Autor: Biografie, Lesungen, weitere Buchtitel
- Informationen aus Buchbesprechungen
- Titel von weiteren Büchern, die Sie lesen möchten

Darüber hinaus können Sie sich **kreativ** mit dem Buch auseinandersetzen, indem Sie z. B.:

- einen Brief oder eine E-Mail aus der Perspektive der Hauptfigur schreiben
- eine zusätzliche Person erfinden
- einen anderen Schluss schreiben

Auch **bei der äußeren Gestaltung** des Lesetagebuchs sind Ihrer Kreativität keine Grenzen gesetzt. Hier einige Tipps:

- Verwenden Sie ein Heft oder eine Mappe.
- Gestalten Sie eine ansprechende Titelseite.
- Entwerfen Sie Zeichnungen und/oder Schaubilder.
- Legen Sie ein Inhaltsverzeichnis an, wenn Sie mit dem Lesetagebuch fertig sind.

1 *Schreiben Sie ein Lesetagebuch bei der Lektüre eines Buches Ihrer Wahl. Falls Sie sich über mögliche Buchtitel informieren wollen, fragen Sie Ihre Lehrkraft oder lassen Sie sich in der Bibliothek oder im Buchhandel beraten.*

Lesetechniken

„Warum Lesen trainieren?“, denken Sie vielleicht, „Lesen kann doch (fast) jeder!“ Dieses Kapitel gibt Ihnen Tipps, wie Sie mit entsprechenden Lesetechniken einem Text effektiv Informationen entnehmen und diese „speichern“ können – Lesen für Fortgeschrittene eben.

Vier Arten, einen Text zu lesen

Bevor man sich näher mit einem Text beschäftigt, sollte man sich überlegen, welche Art von Informationen bzw. welchen Umfang an Informationen man durch den Text erhalten möchte. Um eine Detailinformation zu bekommen, bietet sich das **punktuelle Lesen** an. Einen schnellen, groben Überblick verschafft man sich durch **diagonales Lesen**. Wenn Sie beispielsweise Literatur für ein Referat auswählen müssen, können Sie Texte und Bücher schnell auf ihre Brauchbarkeit im Sinne des Referatsthemas überprüfen.

Beim **fortlaufenden Lesen** liest man den ganzen Text durch und erhält so alle Informationen des Textes. Das **intensive Lesen** bereitet auf eine kritische Auseinandersetzung mit dem Text vor. Diese Art des Lesens stellt die ausführlichste Beschäftigung mit dem Text dar.

In der Übersicht sehen Sie den Zweck der jeweiligen Lesetechnik und wie sie angewendet wird.

	Wofür?	Wie?
Punktuelles Lesen	Sie suchen nach einem bestimmten Inhalt im Text, z. B. bei einer Handyanleitung nach der Weckfunktion.	• Sie überprüfen die Überschriften. • Sie lesen nur die Abschnitte gründlich, die Sie brauchen.
Diagonales Lesen	Sie wollen sich einen Überblick verschaffen oder die groben Zusammenhänge eines Textes erkennen, z. B. lesen Sie in der Handyanleitung nach, welche Funktionen das Handy insgesamt hat.	• Sie überfliegen den Text und orientieren sich an hervorgehobenen Textstellen (z. B. durch Fettdruck) und an den Überschriften.
Fortlaufendes Lesen	Sie wollen sich umfassend informieren, z. B. über einen Handyvertrag.	• Sie lesen einen Text von Anfang bis Ende. • Sie markieren wichtige Stellen. • Sie machen sich Notizen.
Intensives Lesen	Sie wollen den Text kritisch beurteilen können, z. B. als Grundlage einer Textanalyse.	• Sie gehen hier vor wie beim fortlaufenden Lesen, konzentrieren sich aber auf die Lösung einer vorgegebenen Aufgabe, z. B.: sprachliche Mittel herausfinden.

Vier Arten, einen Text zu lesen

In den folgenden Übungen geht es darum, einen Text je nach Aufgabenstellung effektiv zu lesen, d. h. die geeignete Art des Lesens auszuwählen.

1 *Prüfen Sie den Text auf S. 111 daraufhin, ob er sich für ein Referat eignet. Das Referat trägt den Titel „Hat sich die Ausbildungsreife der Jugendlichen verschlechtert?“*
Wenden Sie die entsprechende Leseart an.

2 *Beantworten Sie Fragen zum Text. Schauen Sie sich die Fragen an und wählen Sie eine der Lesarten von S. 109 aus.*

a) Welches Institut führte die Befragung durch?
b) Wie heißt das neue Online-Befragungssystem?
c) Welche gesellschaftlichen Gruppen sollen den Jugendlichen verstärkt beim Einstieg in das Berufsleben unter die Arme greifen?

3 *Beurteilen Sie, ob sich die folgenden Aussagen im Text auf S. 111 wiederfinden. Überlegen Sie, auf welche Art Sie den Text zur Beantwortung lesen sollten.*

- Fachleute sind zufrieden mit der Entwicklung der Bewerberqualifikationen in den vergangenen 15 Jahren.
- Die Befragung zur beruflichen Bildung wurde per Fragebogenaktion „Expertenmonitor Berufliche Bildung“ durchgeführt.
- Das Wissen um Arbeitstugenden wie Pünktlichkeit ist bei den heutigen Jugendlichen stärker ausgeprägt als vor 15 Jahren.
- Die Jugendlichen strengen sich bei der Lehrstellensuche mehr an als früher.
- Die Schule sollte den Lernaufgaben einen stärkeren Theoriebezug geben.
- Eltern, Schule, die Unternehmen, aber auch die Jugendlichen müssen ihren Beitrag zu einem gelungenen Berufseinstieg leisten.

4 *Beziehen Sie kritisch Stellung zum Text, indem Sie folgende Fragen beantworten. Überlegen Sie, auf welche Art Sie den Text lesen sollten.*

a) Welche Ausgangsthese stellt der Autor des Artikels auf?
b) Wie bewerten Sie den Schlusssatz: „Die Jugendlichen sollten stärker als bisher Verantwortung für das eigene Leben übernehmen“?

Vier Arten, einen Text zu lesen

Experten: Eltern müssen ihre Kinder wieder mehr bilden

Bonn. Tugenden wie Zuverlässigkeit, Verantwortungsbewusstsein, Durchhaltevermögen sowie Lern- und Leistungsbereitschaft, die zur Ausbildungsreife gehören, werden im Elternhaus nurmehr unzureichend eingeübt. Grund: Der Zusammenhalt in der Familie habe in den letzten 15 Jahren deutlich nachgelassen. Dies sind Ergebnisse einer Befragung, die das Bundesinstitut für Berufsbildung (BIBB) im Herbst 2005 bei knapp 500 Berufsbildungsexperten durchführte. Die Befragten stammen aus Betrieben und Berufsschulen, Wirtschafts- und Berufsverbänden, Gewerkschaften und Forschungseinrichtungen. Bei der Befragung kam erstmals das neue Online-Befragungssystem „Expertenmonitor Berufliche Bildung" zum Einsatz. Ziel dessen ist es, systematisch das fachliche Urteil von Experten und Expertinnen zu aktuellen Fragestellungen der Berufsbildung zu erheben und in die bildungspolitische Diskussion einzubringen. Die Fachleute wurden zum einen danach gefragt, was sie unter Ausbildungsreife verstehen. Zum anderen sollten sie einschätzen, wie sich die Ausbildungsreife der Jugendlichen in den letzten Jahren entwickelt hat, welche Ursachen sie dafür sehen und wie die Ausbildungsreife verbessert werden könnte.

Fähigkeiten haben nachgelassen

Was sich bei der Bewerberqualifikation in den letzten 15 Jahren verändert hat: Insgesamt blicken die Fachleute eher skeptisch auf die Entwicklung der Bewerberqualifikation in den vergangenen 15 Jahren. Fast alle sind davon überzeugt, dass die Beherrschung der deutschen Rechtschreibung, die schriftliche Ausdrucksfähigkeit, die Fähigkeit zu einfachem Kopfrechnen sowie Kenntnisse der Prozent- und Dreisatzrechnung nachgelassen haben.

Negative Veränderungen beobachten die Befragten auch jenseits des Schulwissens – bei der Konzentrationsfähigkeit, dem Durchhaltevermögen, der Sorgfalt und der Höflichkeit. Und sie stellen fest, dass das Wissen um die Bedeutung von Arbeitstugenden wie Pünktlichkeit bei den Jugendlichen deutlich geringer ausgeprägt ist als bei früheren Bewerbergenerationen. Positiv entwickelt haben sich nach Meinung der Befragten dagegen die IT- und Englischkenntnisse. Außerdem seien sie selbstsicherer als noch vor 15 Jahren. Mehrheitlich bescheinigen die Fachleute den jungen Leuten außerdem, dass sie sich bei der Lehrstellensuche mehr anstrengen würden als frühere Bewerber.

Was laut Experten getan werden sollte: Eltern müssten ihren Kindern stärker als bisher grundlegende Werte vermitteln und die Auseinandersetzung mit der Berufswahl fördern. Die Schule müsste verstärkt in die Förderung der Jugendlichen eingebunden werden: Sie sollte Schlüsselqualifikationen fördern und ihren Lernaufgaben einen stärkeren Praxisbezug geben. Die Unternehmen sollten bei der Bewerberauswahl stärker als bisher das Entwicklungspotenzial der Jugendlichen berücksichtigen. Und: Die Jugendlichen sollten stärker als bisher Verantwortung für das eigene Leben übernehmen.

(Frankfurter Rundschau, 10.12.2005)

5 *Schätzen Sie ein, wie Sie mit den verschiedenen Arten, einen Text zu lesen, zurechtgekommen sind. Beantworten Sie die folgenden Fragen:*

a) Welche Leseart fiel Ihnen am leichtesten, welche am schwersten? Welche Gründe gibt es für beides?

b) Konnten Sie mit der jeweils gewählten Leseart die Aufgaben 1 – 4 gut lösen?

c) Haben Sie beim Lösen einer Aufgabe die Leseart gewechselt? Überlegen Sie, warum.

6 *Welche Tipps können Sie Ihren Mitschülern zum Anwenden der vier Lesearten geben?*

Fünf Schritte zum Verstehen (5-Schritt-Lesetechnik)

In Beruf und Alltag wird von Ihnen erwartet, dass Sie den Inhalt umfangreicher und auch schwieriger Texte verstehen und wiedergeben können.

1 *Tragen Sie in der Klasse Ihre Erfahrungen zusammen, wie Sie an einen unbekannten Text herangehen. Beantworten Sie folgende Fragen:*

a) Wie gehen Sie vor, wenn Sie den Inhalt eines Ihnen unbekannten Textes wiedergeben sollen?
b) Wie erschließen Sie sich unbekannte Wörter, Fremdwörter, schwer lesbare Textteile?
c) Wie bearbeiten Sie den Text (Notizen, Markierungen, Unterstreichungen)?
d) Diskutieren Sie Vor- und Nachteile Ihres Vorgehens.

Wenn Sie sich Informationen eines Textes für eine Klassenarbeit oder Prüfung merken wollen oder diese in ein Referat einbauen möchten, müssen Sie den Text genau lesen. Es ist immer sinnvoll, sich Notizen zu machen. Wenn Sie Informationen in eigene Worte fassen, können Sie sich das Wissen bleibend aneignen. Hierzu bietet sich die 5-Schritt-Lesetechnik an:

Schritt 1 Überfliegen	Schauen Sie zunächst, worum es im Text geht. Orientieren Sie sich an den Überschriften und – falls vorhanden – an der Gliederung oder dem Inhaltsverzeichnis. Vielleicht sind für Sie nur bestimmte Abschnitte oder Kapitel interessant.	Überblick verschaffen aus der Vogelperspektive	
Schritt 2 Fragen	Formulieren Sie Fragen an den Text, die Sie mit seiner Hilfe beantworten wollen. Gut geeignet sind die W-Fragen. Schreiben Sie die Fragen auf.	Wer, wie, weshalb, wann ...	
Schritt 3 Lesen	Lesen Sie gründlich. Versuchen Sie dabei, Antworten auf Ihre vorher gestellten Fragen zu finden. Markieren Sie wichtige Stellen im Text. Machen Sie kurze Pausen, wenn die Konzentration nachlässt. Wenn Sie einen Begriff nicht verstehen, schlagen Sie im Wörterbuch nach. Sind Sätze schwer zu verstehen, dann lesen Sie sie noch ein zweites oder drittes Mal.	Nur sparsam markieren, wichtige Fremd- und Fachwörter nachschlagen	
Schritt 4 Schreiben	Notieren Sie Schlüsselbegriffe und die wichtigsten Gedanken des Textes auf ein Blatt. Fassen Sie komplizierte Sätze, die Ihnen für das Verständnis des Textes wichtig erscheinen, in eigene Worte. Aus einem schwer verständlichen Satz können so durchaus mehrere einfache Sätze werden. (➪ Exzerpieren, Kapitel 9, S. 132)	In eigenen Worten formulieren und Notizen lesbar schreiben	
Schritt 5 Wiederholen	Versuchen Sie jetzt, anhand Ihrer Notizen den Inhalt des Textes wiederzugeben. Ergänzen Sie eventuell Fehlendes.	Ruhig laut probieren	

Fünf Schritte zum Verstehen (5-Schritt-Lesetechnik)

Was erwartet die Wirtschaft von den Schulabgängern?

Von Hermine Fröhlich

Keine Sorge, niemand erwartet Unmachbares. Im Kern geht es um Basiskenntnisse und -fertigkeiten, und zwar um fachliche Kompetenzen, um Sozialverhalten und um persönliche Kompetenzen. Eigentlich nichts Außergewöhnliches, und doch muss es immer wieder gesagt werden.

In Deutschland gibt es über 350 Ausbildungsberufe und mit ihnen eine breite Palette von Inhalten und Anforderungen. Bei aller Verschiedenheit setzen sie jedoch dieselben Basiskenntnisse voraus. Im fachlichen Bereich ist dies zum einen die grundlegende Beherrschung der deutschen Sprache. Es sollen einfache Sachverhalte mündlich und schriftlich wiedergegeben werden können. Einfache Texte sollen fehlerfrei geschrieben werden. Zum anderen müssen auch die einfachen Rechentechniken von den zukünftigen Azubis gekonnt werden. Dazu gehören z. B. die Grundrechenarten, Dezimalzahlen, Brüche, Dreisatz, Prozentrechnen und das Verstehen von Textaufgaben. Hinzu kommen Grundkenntnisse im naturwissenschaftlichen Bereich, in Physik und Chemie. Ebenfalls zu den fachlichen Kompetenzen gehören Grundkenntnisse im Bereich Englisch, in Technik und im IT-Bereich. Last, but not least werden Basiskenntnisse über unsere Kultur erwartet. Die wichtigsten Informationen über die Etappen deutscher und europäischer Geschichte, über gesellschaftliche und politische Grundlagen sowie ethische Grundsätze gehören zur Allgemeinbildung.

Die soziale Kompetenz eines Mitarbeiters ist einerseits für das Klima innerhalb des Unternehmens wichtig und trägt andererseits zum wirtschaftlichen Erfolg der Firma bei. Teil dieser sozialen Kompetenz sind die Fähigkeit zur Teamarbeit, eine natürliche Freundlichkeit und Konfliktfähigkeit. Die zuletzt genannte hilft bei der Lösung von Problemen mit Kunden und Kollegen. Teil der sozialen Kompetenz ist auch Toleranz gegenüber allen Menschen, mit denen man zu tun hat, im Rahmen unserer demokratischen Grundordnung und das Vermeiden von Diskriminierung.

Neben den genannten Fähigkeiten werden weitere Kompetenzen erwartet, die im Bereich der Grundhaltung und Werteeinstellung anzusiedeln sind: Zuverlässigkeit, Sorgfalt sowie Lern- und Leistungsbereitschaft einerseits, Ausdauer, Disziplin und Belastbarkeit andererseits. Zu Beginn der Ausbildung sollte auch die Bereitschaft, Verantwortung zu übernehmen, ansatzweise vorhanden sein. Ebenso die Fähigkeit, das eigene Tun kritisch zu hinterfragen.

2 *Wenden Sie die 5-Schritt-Lesetechnik bei dem Text „Was erwartet die Wirtschaft von den Schulabgängern?“ an.*

a) Überfliegen Sie den Text.

b) Formulieren Sie zwei oder drei Fragen, die Sie mithilfe des Textes beantworten wollen.

c) Lesen Sie den Text intensiv. Welche Schlüsselwörter sind nicht markiert?

d) Machen Sie sich Notizen in Form einer Mindmap (➪ Kapitel 9, S. 134, 135) und geben Sie damit die wesentlichen Textinhalte wieder.

e) Wiederholen Sie den Gedankengang des Textes. Tragen Sie mündlich vor.

3 *Stellen Sie die wichtigsten Kompetenzen für den von Ihnen angestrebten Beruf zusammen und begründen Sie Ihre Auswahl in Stichworten.*

Zuhörtechniken

Passives Zuhören

„Du hast mir ja auch nicht zugehört!“ Dieser Satz drückt aus, dass es zum Missverständnis im Gespräch gekommen ist, weil einer der Gesprächspartner angeblich nicht zugehört hat. Aus Ihrer persönlichen Erfahrung wissen Sie, dass einfaches Zuhören nicht immer ausreicht. Da meint man, den anderen verstanden zu haben, und am Ende gab es doch ein Missverständnis. Zuhören muss eben (auch) gelernt sein!

Man unterscheidet aktives und passives Zuhören. Das passive Zuhören lässt sich untergliedern in aufnehmendes und umschreibendes Zuhören.

Beim **aufnehmenden Zuhören** lauscht die Zuhörerin/der Zuhörer aufmerksam den Ausführungen des Gegenübers. Sie/er schweigt und zeigt ihre/seine Aufmerksamkeit sichtbar durch Blickkontakt und Kopfnicken und/oder hörbar durch Zuhörfloskeln wie „Ja“ oder „Mhm“. Diese Situation ist typisch beim Hören eines Vortrags (➪ Beobachtungsbogen, Kapitel 9, S. 131, 132) oder wenn Sie einer Erzählung folgen oder wenn Ihnen ein Problem geschildert wird. Diese Form des Zuhörens eignet sich nicht, wenn sich beide Gesprächspartner über ein Thema austauschen wollen.

1 *Bestimmen Sie, wer zuhört und wer spricht. Der Zuhörer hat die Aufgabe, das Gesagte schweigend anzuhören und durch Kopfnicken, Blickkontakt oder mit „Ja“ zu bestätigen.*

a) Berichten Sie z. B. über Ihre Lieblingssendung in Radio oder Fernsehen.

b) Tauschen Sie die Rollen, wenn der Sprecher seinen Gedankengang dargelegt hat und das signalisiert.

c) Stellen Sie sich nach dem Spiel folgende Fragen: Wie haben Sie sich in der Rolle des Sprechers gefühlt? Wie haben Sie sich in der Rolle des Zuhörers gefühlt?

Beim **umschreibenden Zuhören** wird das Gehörte noch einmal mit eigenen Worten wiedergegeben. Die Zuhörerin/der Zuhörer signalisiert so Aufmerksamkeit und Interesse. Es besteht die Möglichkeit, Missverständnisse auszuräumen, da die Sprecherin/der Sprecher sofort merkt, wenn sie/er falsch verstanden wurde.

Das umschreibende Zuhören wird z. B. gefordert, wenn ein Schüler den Lehrervortrag mit eigenen Worten wiedergeben soll. Auch hier ist – wie beim aufnehmenden Zuhören – die Gesprächsführung eher einseitig. Wenn beide Gesprächspartner gleichberechtigt zu Wort kommen sollen, ist diese Art des Zuhörens nicht angebracht.

2 *Bestimmen Sie, wer zuhört und wer spricht. Die Zuhörerin/der Zuhörer hat die Aufgabe, das Gesagte schweigend anzuhören und durch Kopfnicken, Blickkontakt oder mit „Ja“ zu bestätigen.*

a) Sprechen Sie z. B. über Ihre Erfahrungen mit dem Computer.

b) Die Zuhörerin/der Zuhörer umschreibt das Gehörte nochmals mit eigenen Worten. Erst wenn die Sprecherin/der Sprecher das Gesagte bestätigt, werden die Rollen gewechselt.

c) Stellen Sie sich nach dem Spiel folgende Fragen: Ist Ihnen das Zuhören leichtgefallen? Gab es an bestimmten Stellen Schwierigkeiten für den Zuhörer? Wie hat die Sprecherin/der Sprecher dieses Zuhörverhalten empfunden?

Aktives Zuhören

Aktives Zuhören ist die anspruchsvollste Art des Zuhörens. Sie geben Ihrem Gesprächspartner ein ausführliches Feedback zu seinen Äußerungen. Dieses besteht aus vier Phasen. Aktives Zuhören ist vor allem in Diskussionen wichtig. Was in den vier Phasen geschieht, können Sie folgender Übersicht entnehmen:

1 Umschreiben

Geben Sie die Aussagen des Gesprächspartners mit eigenen Worten wieder. Formulierungshilfen:

Wenn ich dich richtig verstanden habe, dann geht es dir dabei um ...
Am wichtigsten ist dir also ...
Du meinst also, dass ...
Es scheint mir, dass du vor allem ...

2 Verbalisieren

Sprechen Sie die wahrgenommenen Gefühle des Gegenübers an. Formulierungshilfen:

Vermutlich bist du enttäuscht, dass ...
Mir scheint, als wärst du verärgert darüber, dass ...
Ich spüre, dass du traurig bist, weil ...

3 Nachfragen

Stellen Sie Verständnisfragen, damit keine Missverständnisse aufkommen und Sie die Zusammenhänge besser nachvollziehen können. Formulierungshilfen:

Weshalb ist es an der Stelle zu dieser Reaktion gekommen?
Wozu hat Florian dir die Unterlagen gegeben?
Wann wollte sich Frau Wolf die Ausarbeitungen anschauen?
Wieso hat dich das Verhalten von Jana so verärgert?

4 Zusammenfassen

Fassen Sie nach längeren Gesprächsphasen wichtige Zwischenergebnisse zusammen. Formulierungshilfen:

Also bis jetzt hat sich Folgendes ergeben ...
Also bis hierher habe ich verstanden, dass ...
Ein Aspekt, warum du so reagiert hast, ist also ...

Voraussetzungen für ein Gespräch, bei dem aktiv zugehört werden soll:

- Stellen Sie eine positive Gesprächsatmosphäre her, z. B. durch ein freundliches Lächeln.
- Schenken Sie Ihrem Gesprächspartner die volle Aufmerksamkeit, z. B. durch Blickkontakt.
- Vermeiden Sie ablenkende Handlungen, z. B. Kritzeleien auf Papier während des Gesprächs.
- Lassen Sie Ihren Gesprächspartner ausreden (kurzes Bestätigen durch Kopfnicken oder ein „Mmh“ stoppt nicht den Redefluss).

Aktives Zuhören

1 *Schreiben Sie Wörter auf, die Gefühle ausdrücken. Wenden Sie dabei die 6-3-5-Methode an (**➪ Kapitel 9, S. 138, 139**). Sammeln Sie die Wörter an der Tafel und ordnen Sie diese nach „positiven" und „negativen" Gefühlen.*

2 *Wie könnte das folgende Gespräch fortgesetzt werden? Janna spricht und Nele hört aktiv zu: „Erst droht uns Herr Blum an, eine Sechs aufzuschreiben, wenn wir die Hausaufgabe nicht machen, jetzt kontrolliert er sie nicht einmal!"*

a) Was könnte Nele antworten? Wählen Sie eine oder mehrere Antworten aus.
- „Ja, ich bin auch sauer!"
- „Ist eben typisch für ihn!"
- „Du meinst, er macht erst Druck und dann kümmert er sich nicht weiter?"
- „Vermutlich bist du ganz schön enttäuscht, weil deine Hausaufgaben überhaupt nicht beachtet werden."

b) Notieren Sie weitere Antwortmöglichkeiten.

Als Vorübung für eine Diskussion empfiehlt sich folgende Übung zum aktiven Zuhören:

3 *Die Klasse teilt sich in Dreiergruppen, es gibt Schüler A, B und C.*
Schüler A und B einigen sich auf ein Thema, über das sie diskutieren, z. B. „Sind Sie für die Null-Promille-Grenze für Fahranfänger?" oder „Sollte man Schülern den Nebenjob verbieten?"
Schüler A soll die Pro-Meinung, Schüler B die Kontra-Meinung vertreten. Schüler C kontrolliert, ob die nachfolgenden Regeln eingehalten werden.

a) Schüler A beginnt und legt sein Argument ausführlich dar.

b) Schüler B
- wiederholt zunächst das von A Gesagte inhaltlich möglichst genau,
- stellt bei Bedarf Verständnisfragen,
- verbalisiert eventuell Gefühle, die er bei Schüler A wahrgenommen hat.

c) Schüler A bestätigt nun das von B Gesagte oder verneint und korrigiert. Schüler B gibt die berichtigte Fassung nochmals wieder.

d) Nun formuliert Schüler B sein Gegenargument. Die Vorgehensweise von a) bis d) wiederholt sich.

Hinweise: Schüler C schaltet sich ein, wenn z. B. ein Gesprächspartner dem anderen ins Wort fällt oder das Gesagte nicht wiederholt.
Nach fünf Minuten beendet Schüler C das Gespräch und tauscht mit Schüler A die Position. Der zweite Durchgang beginnt. Nach drei Durchgängen ist die Übung beendet.

4 *Stellen Sie sich nach der Übung folgende Fragen:*

a) Welche Spielregeln sind besonders schwer einzuhalten? Woran liegt dies Ihrer Meinung nach?

b) Welche Auswirkungen hatte diese Gesprächsform auf Ihr Befinden während des Dialogs?

Kapitel 8

Ein Projekt planen, durchführen, dokumentieren

Projekte sind eine tolle Sache: Sie bearbeiten ein selbst ausgesuchtes Thema mit einem von Ihnen festgelegten Ziel. Dabei gehen Sie fächerübergreifend und weitgehend selbstständig vor und haben ein Team, das gemeinsam arbeitet. Das Beste ist: Am Ende eines jeden Projekts steht ein Produkt.

Vielleicht haben Sie aber schon andere Erfahrungen gemacht: Man verliert das Ziel aus den Augen, wird nicht fertig, einige drücken sich vor der Arbeit, mit anderen möchte man eigentlich nicht zusammenarbeiten, es gibt Streit und Frust.

In diesem Kapitel lernen Sie organisatorische Maßnahmen kennen, die sich auch in der freien Wirtschaft bewährt haben. Mit diesen Kenntnissen behalten Sie stets den Überblick über Ihr Projekt und können die Arbeit so aufteilen, dass alle optimal eingesetzt sind.

Was ich aus anderen Kapiteln weiß

- ✔ Wenn man kommuniziert, muss man Gesprächsregeln einhalten (➪ Kapitel 1).
- ✔ Um Stärken und Schwächen von sich und anderen festzustellen, eignet sich ein Persönlichkeitsprofil (➪ Kapitel 6).
- ✔ Der Projektbericht ist eine wichtige Berichtsart (➪ Kapitel 6).
- ✔ Das Arbeiten in der Gruppe ist an bestimmte Regeln gebunden (➪ Kapitel 7).

Ein Projekt definieren

Eine Projektidee in einem Projektantrag darstellen

Nicht jede Gruppenarbeit ist ein Projekt. Ein Projekt ist ein im Wesentlichen einmaliges Vorhaben mit einem in der Regel klar definierten Ziel, einem festen Zeitrahmen und einem Produkt am Ende. Das können ein Film, eine Ausstellung, eine Aufführung, ein Handbuch usw. sein.

Manchmal ist die Projektidee schon vorgegeben (z. B. das Schulfest zum 100-jährigen Bestehen einer Schule) – dann beginnt Ihre Arbeit mit dem Einrichten der Projektorganisation. Gibt es keine Vorgaben, müssen Sie zunächst eine **Projektidee** entwickeln. Sie begründen, warum Sie dieses Projekt durchführen wollen und welche Ziele Sie verfolgen. Das stellen Sie in einem **Projektantrag** dar.

Als Beispiel sehen Sie auf den folgenden Seiten ein Projekt mit dem Ziel, einen „Aktionstag zum Fairen Handel" zu organisieren. Sie können dieses Projekt durchführen und die einzelnen Aufgaben bearbeiten. Sie können sich an diesem Projekt aber auch nur orientieren und die einzelnen Arbeitsschritte für Ihr eigenes Projekt übernehmen.

Das folgende Muster zeigt, wie Sie einen Projektantrag formulieren können:

Muster

Projektantrag
Projekt der Klasse ...: Aktionstag zum Fairen Handel

Warum machen Sie das Projekt:
Obwohl mehr und mehr fair gehandelte Produkte in Verbrauchermärkten auftauchen, wissen die Kunden wenig über die Hintergründe des Fairen Handels.

Ursachenanalyse:
- Produkte sind wenig bekannt
- Kunden wissen nichts über die Produktionsbedingungen in den Herkunftsländern
- Relativ hohe Preise der Produkte

Ziele:
- Fair gehandelte Produkte vorstellen
- Über Hintergründe des Fairen Handels informieren

Datum: ...

Unterschrift: ...

Weitere Ideen für Projekte können sein:
- Informationstag zum Thema Aids
- Podiumsdiskussion mit Jugendvertretern der Parteien
- Schulfest/Sportturnier
- Abschlussfete
- Spendenmarathon
- Berufsinformationstag

Den Projektauftrag formulieren

Wenn Ihr Projekt geprüft und genehmigt ist, erhalten Sie den Auftrag, das Projekt durchzuführen. Ernennen Sie einen Projektleiter und überlegen Sie sich möglichst schon im Vorfeld, welche Ziele und Termine Sie einhalten müssen und welche Materialien Sie benötigen. Gerade wenn in einer Schule mehrere Projekte parallel laufen, ist es für Sie von großem Vorteil, wenn Sie wichtige Materialien für sich festgeschrieben haben. Zu diesem Zweck formulieren Sie einen **Projektauftrag**. Der Projektauftrag ist eine Art Vertrag zwischen Ihrer Projektgruppe (Auftragnehmer) und dem zuständigen Lehrer (Auftraggeber).

Ein Projektauftrag kann so formuliert werden:

Muster

Projektauftrag	
Projektname	Aktionstag zum Fairen Handel
Projektleiter	Emrah Ceylan
Projektanlass	Woche des Fairen Handels
Projektziele Sachziel Kostenziel Terminziel	 Einen Aktionstag zum Fairen Handel gestalten 500 Euro 15.09.20..
Projektausstattung	Aula, Außenflächen 30 Stellwände 5 Beamer N.N.
Auftrags-bedingungen	...
Meilensteine/ Termine	15.07. Präsentation der Ergebnisse der Arbeitsgruppen, 15.09. Aktionstag
Unterschriften	...

Organisatorische Fragen klären

Zur Vorbereitung eines Projekts gehört, dass Sie sich Gedanken über die Zusammensetzung der einzelnen Teams machen. Berücksichtigen Sie dabei, dass ein Team möglichst viele Aufgabenbereiche abdecken sollte. Einer kann beispielsweise gut organisieren, ein anderer gut telefonieren, einer ist besonders sorgfältig, ein anderer hat schon Erfahrungen in einem bestimmten Bereich gesammelt. Setzen Sie Ihre Teammitglieder entsprechend ihren Fähigkeiten ein, denn ein gutes Team versteht sich nicht nur gut, sondern bewältigt auch ganz unterschiedliche Anforderungen. Bestimmen Sie Teamleiter. Denken Sie daran, einen Projektordner anzulegen, in dem Sie Rechnungen, Verträge, Protokolle, Skizzen usw. abheften.

Im Folgenden sehen Sie ein Beispiel dafür, wie Sie organisatorische Aspekte eines Projekts schriftlich festhalten können:

Muster

Projektorganisation	
Projektleiter	Emrah Ceylan
Projektteams	Team 1: Ausstellung – Gülsah (Teamleiterin), Elif, Benny, Martin Team 2: Pressearbeit – Tom (Teamleiter), Carine, Jojo Team 3: Essen – Nadine (Teamleiterin), Peter, Klaus
Projektrahmenbedingungen	Räume: Aula und Freifläche davor Zeiten: 10:00–14:00
Projektausstattung	Aula, Außenflächen 30 Stellwände 5 Beamer N.N.
Projektordner	Register, z. B. Auftrag, Pläne, Protokolle, Informationen, Presseberichte ...

Arbeitsanregungen für das Projekt „Aktionstag zum Fairen Handel“:

1. *Informieren Sie sich im Internet über den Fairen Handel.*
2. *Finden Sie heraus, wo in der Nähe Ihres Wohnortes fair gehandelte Produkte angeboten werden.*
3. *Überlegen Sie, welche weiteren Projektteams Sie für den Aktionstag zusammenstellen müssen.*
4. *Planen Sie sorgfältig die Zusammensetzung der einzelnen Teams.*

Arbeitsanregungen für weitere Projekte:

1. *Sammeln Sie auf Karten oder Plakatpapier Projektvorschläge.*
2. *Einigen Sie sich auf ein Projektthema (verteilen Sie z. B. Ihre Stimmen in Form von Klebepunkten).*
3. *Stellen Sie Teams von je drei bis vier Personen zusammen. Achten Sie darauf, dass alle Teams gleichwertig besetzt sind.*

Ein Projekt planen

Für den Erfolg eines Projekts ist die sorgfältige Planung besonders wichtig. Zunächst werden alle Ideen, die das Projekt betreffen, gesammelt. Brainstorming oder eine Metaplanwand eignen sich dazu besonders gut. Einzelne Aufgaben lassen sich zu einem **Arbeitspaket** bündeln.

Bei der Planung eines Projekts sollten Sie die folgenden vier Punkte einhalten:

- Arbeitspakete zusammenstellen
- Projektphasen definieren und Arbeitspakete zuordnen
- Einen Projektablaufplan erstellen
- Mögliche Kosten veranschlagen

Arbeitspakete zusammenstellen

Das Muster zeigt Ihnen exemplarisch, wie Sie Arbeitspakete zusammenstellen können:

Arbeitspaket 1

Zeitungen anschreiben

- Adressen heraussuchen
- Brief entwerfen
- Brief genehmigen lassen
- ...

Arbeitspaket 8

Ausstellung vorbereiten

- Plakate entwerfen
- Drucker suchen
- Material sichten
- ...

Arbeitspaket 15

Aktionstag vorbereiten

- Erste-Hilfe-Station
- Parkplätze
- Hinweisschilder
- Ehrengäste?
- ...

Arbeitspaket 5

Kooperationspartner suchen

- Adressen heraussuchen
- Brief entwerfen
- Anschreiben oder vorbei-gehen
- ...

Arbeitspaket 11

Gelände vorbereiten

- Vorhandene Strom- und Wasseranschlüsse erfassen
- Starkstrom?
- Pläne?
- ...

Arbeitspaket 24

Personalplan

- Catering
- Veranstaltungsplan
- Pressekonferenz?
- ...

Projektphasen definieren und Arbeitspakete zuordnen

Jedes Projekt besteht in der Regel aus mindestens drei Phasen: einer Vorbereitungs- und Sammelphase, der eigentlichen Planungsphase und der Durchführung des Projekts. Im **Projektstrukturplan** werden die Arbeitspakete diesen drei Phasen zugeordnet.

Anhand des Musters können Sie die Erstellung eines Projektstrukturplans nachvollziehen:

Muster

Projektstrukturplan		
1 Vorbereitungs- und Sammelphase	2 Planungsphase	3 Durchführungsphase
Arbeitspaket 1: Zeitungen anschreiben • Generalanzeiger • Welt • F.A.Z. ...	**Arbeitspaket 9:** Informationen auswählen • Texte erstellen • Angebote von Druckereien einholen • Presse einladen ...	**Arbeitspaket 24:** Personalplan • Catering • Veranstaltungsplan • Pressekonferenz? ...
Arbeitspaket 5: Kooperationspartner suchen • Dritte-Welt-Laden • Fair Trade • Organisationsbüro „Faire Woche“ ...	...	...

Arbeitsanregungen für das Projekt „Aktionstag zum Fairen Handel“:

1. *Welche Arbeitspakete müssen außerdem geplant werden? Stellen Sie weitere zusammen und ordnen Sie alle Arbeitspakete den Phasen 1, 2 oder 3 zu.*
2. *Erstellen Sie am Computer einen vollständigen Ablaufplan für die komplette Dauer des Projekts (Projektablaufplan* *➪ S. 123**).*
3. *Einigen Sie sich auf drei bis vier Meilensteine, die für den Erfolg Ihres Projekts wichtig sind (Meilensteindiagramm* *➪ S. 123**).*

Tipp

Beziehen Sie möglichst alle Personen, die für Ihr Projekt eine Rolle spielen, frühzeitig in Ihre Überlegungen mit ein.

Arbeitsanregungen für weitere Projekte:

1. *Überlegen Sie, welche Phasen Ihr Projekt durchlaufen wird.*
2. *Welche Informationen benötigen Sie, bevor Sie in die Planungsphase eintreten können?*
3. *Welche Zeiträume müssen Sie für bestimmte Arbeiten realistisch veranschlagen?*
4. *Welche Arbeiten bauen aufeinander auf? Welche Dinge sind besonders zeitaufwändig?*
5. *Bei welchen Arbeiten sind Sie auf die Hilfe von Außenstehenden oder Fremdfirmen angewiesen, die ihre eigenen zeitlichen Vorgaben haben?*
6. *Ordnen Sie sämtliche Arbeitspakete den einzelnen Phasen zu.*

Einen Projektablaufplan erstellen

Mit dem **Projektablaufplan** und dem **Meilensteindiagramm** werden die einzelnen Arbeiten eines Projekts in eine zeitliche Reihenfolge gebracht. Gleichzeitig werden Verantwortlichkeiten festgelegt. Für einzelne Tage gibt es Teilablaufpläne oder so genannte To-do-Listen. Darin werden alle Teilschritte und die jeweils Verantwortlichen genau festgehalten. Auf diese Weise behalten Sie den Überblick in Phasen, in denen viele Arbeiten zusammenkommen.

Das folgende Muster stellt einen Ausschnitt aus einem Projektablaufplan dar:

Muster

Ausschnitt aus einem Projektablaufplan

	Kalenderwoche	**22**	**23**	**24**	**25**	**26**	**27**	**28**	**29**	**30**	**31**
Arbeitspaket	**Beginn**										
1 Zeitungen anschreiben	02.06.										
5 Kooperationspartner suchen	02.06.										
8 Ausstellung vorbereiten	06.07.										
9 Presse einladen	01.08.										
11 Gelände vorbereiten	01.09.										

Als **Meilensteine** trägt man Termine ein, die für alle Teilnehmer und den weiteren Ablauf wichtig und **verbindlich** sind. Zur Darstellung eignet sich ein Meilensteindiagramm.

Tipp
Hängen Sie Ihr Schaubild für alle gut sichtbar im Klassenraum auf.

Im Folgenden können Sie sehen, wie ein solches Schaubild aussehen kann:

Muster

Meilensteindiagramm

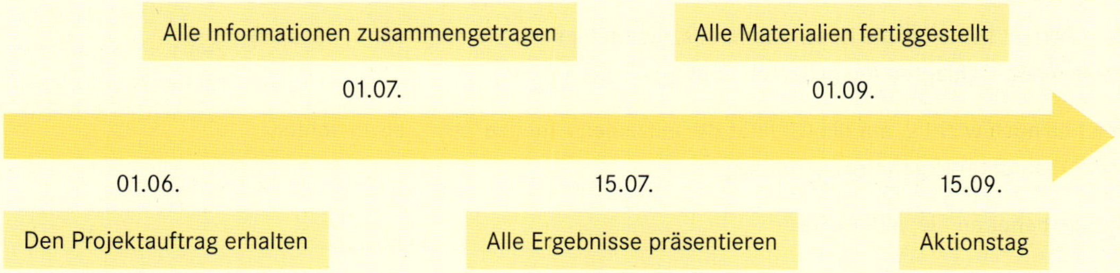

Ein Projekt durchführen

Bei der Durchführung eines Projekts sollten Sie die folgenden drei Punkte einhalten:

- Die Arbeit der Teams steuern
- Den Überblick behalten
- Absprachen und Arbeitsschritte dokumentieren

Die Arbeit der Teams steuern

Projektsteuerung und -kontrolle sind wichtige Maßnahmen bei der Durchführung eines Projekts.

Ein Projekt beginnt mit dem **Kick-off-Meeting**. Hier werden die wichtigsten Eckpunkte des Projekts allen Beteiligten vorgestellt, die Teilnehmer auf das Projekt eingestimmt und Fragen geklärt. An dem Kick-off-Meeting sollten alle teilnehmen, damit alle den gleichen Informationsstand haben. Später trifft man sich häufiger in kleineren Gruppen, in den Teams. Regelmäßige **Teambesprechungen** sind wichtig, um frühzeitig einschätzen zu können, ob irgendwo Probleme auftreten. **Bei größeren Problemen** oder Verzögerungen ist es eventuell notwendig, vom vorgesehenen Zeitplan abzuweichen, Dinge vorzuziehen oder abzukürzen. Das sollte möglichst nach **Rücksprache** mit dem Projektleiter und dem Lehrer (Auftraggeber) erfolgen.

Die **Motivation des Teams** durchläuft in der Regel unterschiedliche Phasen. Sind am Anfang alle begeistert, lässt die Begeisterung bei einigen dann sehr schnell nach. Ein Projekt steuern heißt auch zu spüren, wann Einzelne oder das Team eine Pause brauchen, wann Einzelne überfordert sind und Hilfe brauchen, wann es wichtig ist, etwas Gemeinsames zu unternehmen.

Den Überblick behalten

In der Regel kontrolliert die **Projektleitung** (Projekt- und alle Teamleiter), ob die Zielvorgaben eingehalten werden. Beim **Termin- und Ablaufcontrolling** geht es darum, sicherzustellen, dass wichtige Termine eingehalten werden und dass auch die Reihenfolge der einzelnen Arbeitsschritte nicht durcheinandergerät. Wichtig ist, dass der Projektleiter **Kopien aller Teilablaufpläne** erhält, die Termine in einem Kalender erfasst und die Pläne auch abheftet.

Eine andere Person sollte für die **Kostenkontrolle** zuständig sein. Sie sorgt dafür, dass die im Kostenplan veranschlagten Ausgaben nicht überschritten werden.

Natürlich ist es auch wichtig, auf die Qualität der einzelnen Arbeitsergebnisse zu achten. Das versteht man unter **Ergebniscontrolling**.

Den Überblick behalten Sie, indem Sie

- kontrollieren, ob wichtige Termine eingehalten werden,
- Ausgaben überprüfen,
- Arbeitsergebnisse begutachten.

Absprachen und Arbeitsschritte dokumentieren

Zu jedem Projekt gehört eine umfangreiche und sorgfältige Dokumentation. In der Prozessdokumentation werden alle Phasen des Entstehungs- und Arbeitsprozesses festgehalten. Machen Sie deshalb viele Fotos von den unterschiedlichen Projektphasen. Sammeln Sie wichtige Briefe in einem Ordner, heben Sie Quittungen oder Rechnungen gut auf.

Auch mit einem Lasten- und einem Pflichtenheft dokumentieren Sie Absprachen und Arbeitsschritte. Das **Lastenheft** wird vom Auftraggeber (Lehrer) erstellt. In ihm werden alle Vorstellungen des Auftraggebers festgehalten. Im **Pflichtenheft** steht, wie der Auftragnehmer (Projektgruppe) die Vorgaben des Lastenheftes umsetzen will.

Absprachen und Arbeitsschritte dokumentieren Sie mithilfe von
- Lasten- und Pflichtenheft, Protokollen und Fotos.

Ihre Präsentationsunterlagen bereiten Sie vor mithilfe von
- Informationen, Fotos und Handbüchern.

Ein Pflichtenheft kann wie im folgenden Beispiel angelegt werden:

Muster

Ausstellung:

- Die Ausstellung soll auf zehn mobilen Stellwänden erfolgen.
- Neben Bildern soll es auch Gegenstände, z. B. Lebensmittel und Tondokumente, geben.
- Zweimal täglich soll eine PowerPoint-Show gezeigt werden. Dabei ist darauf zu achten, dass:
  der Raum kurzfristig verdunkelt werden kann und
  der Eingang für 15 Minuten verschlossen bleibt – sonst entsteht zu viel Unruhe.
  ...

Tipps und Arbeitsanregungen für das Projekt „Aktionstag zum Fairen Handel" oder für weitere Projekte:

1. *Erstellen Sie als Projektleiter zusammen mit den jeweiligen Teams möglichst konkrete Pflichtenhefte.*
2. *Entwerfen Sie entsprechend dem Beispiel auf S. 126 ein Formblatt für die Protokolle der einzelnen Teams. Der Projektleiter erhält von jedem Protokoll eine Kopie.*
3. *Legen Sie für jedes Team das Budget fest, über das es verfügen darf.*

Absprachen und Arbeitsschritte dokumentieren

Protokolle dienen dazu, wichtige Beschlüsse festzuhalten. Von allen Sitzungen werden Protokolle angefertigt. Dazu muss ein **Protokollführer** festgelegt werden. Bewährt hat sich das Verfahren, alphabetisch vorzugehen und sich bei der Arbeit abzuwechseln.

Verlaufsprotokolle sind sehr umfangreich, denn sie dokumentieren alle Argumente und Gegenargumente, die geäußert wurden. Für die Projektarbeit reichen in der Regel **Ergebnisprotokolle** aus, in denen alle Ergebnisse der Absprachen festgehalten werden.

Das Muster zeigt Ihnen, welche Informationen ein Sitzungsprotokoll enthalten kann:

Muster

Sitzungsprotokoll		
Projektname: Aktionstag zum Fairen Handel	Projektleiter: Emrah Ceylan	
Datum: 10.07.20..	Ort: Raum A 027	Termin: 7:50–10:10 Uhr
Teilnehmer: Emrah, Gülsah, Benny, Martin, Hausmeister Kurth		
Thema: Einrichtung des Ausstellungsraums		

Sitzungsverlauf:

Nr.	Tagesordnungspunkt	Erledigt?
1.	Organisation der Stellwände	o. k.
2.	Kabel/Starkstromanschluss (?)	o. k.
3.	...	...

Was ist als Nächstes zu tun?

Was?	Wer?	Bis wann?
Anruf bei der Stadtverwaltung	Martin	14.07.20..
Beamer blocken im Sekretariat	Martin	11.07.20..

Nächster Besprechungstermin: 17.07.20.., 7:50 Uhr, Raum A 027

Unterschrift: Protokollführer	Gesehen: Projektleiter

Ein Projekt abschließen

Zum Abschluss eines Projekts gehören die folgenden Aufgaben:

- Einen Abschlussbericht erstellen einschl. Meilensteintrendanalyse
- Projektergebnisse präsentieren
- Die Arbeit im Team bewerten
- Das Team auflösen

Einen Abschlussbericht erstellen

Der **Projektabschlussbericht** ist ein wesentliches Element jedes Projekts. Er dokumentiert den Umfang und die Qualität der geleisteten Arbeit. In der Regel ist er auch Bestandteil der Bewertung eines Projekts.

Der Abschlussbericht besteht aus:

- **Deckblatt**
- **Inhaltsverzeichnis**
- **Einleitung** mit den Punkten:
  1. Projektthema und Problembeschreibung
  2. Ziel des Projekts
  3. Aufgabe der Arbeitsgruppe
- **Hauptteil** mit den Punkten:
  1. Beschreibung der Aufgaben und Arbeitspakete
  2. Beschreibung des Projektablaufs
  3. Darstellung und Bewertung der Ergebnisse
- **Schluss** mit den Punkten:
  1. Bewertung der Arbeit
  2. Ausblick; Ideen für zukünftige Arbeiten
- **Anhang** mit wichtigen Dokumenten, z. B. Protokolle, Meilensteintrendanalyse, evtl. Literaturverzeichnis

Das Deckblatt Ihres Projektabschlussberichts kann so aussehen:

Muster

Projektabschlussbericht

des

Teams „Pressearbeit"

im Projekt „Aktionstag zum Fairen Handel"

der Klasse ...

an der ... in ...,

vorgelegt von Tom Haas, Carine Dünker und Jojo Nolte

Leiter des Projekts: Emrah Ceylan

Auftraggeber: Herr Schmiedt

Schuljahr 20 ../..

Eine Meilensteintrendanalyse anfertigen

Zu Beginn des Projekts hatten Sie im Rahmen Ihrer Vorüberlegungen einen Ablaufplan entworfen. Darin haben Sie die für den Erfolg des Projekts wichtigen Termine, so genannte Meilensteine, festgelegt. Eine **Meilensteintrendanalyse** vergleicht und dokumentiert für die einzelnen Arbeitspakete die in der Planung veranschlagte mit der tatsächlich benötigten Zeit. So kann man auf einen Blick feststellen, welche Arbeiten länger gedauert haben und warum wichtige Meilensteine nicht termingerecht erreicht wurden.

Das Muster zeigt einen Ausschnitt aus einer Meilensteintrendanalyse:

Muster

Ausschnitt aus einer Meilensteintrendanalyse

	Kalenderwoche	22	23	24	25	26	27	28	29	30	31
Arbeitspaket	**Beginn**										
1 Adressen heraussuchen	02.06.										
1 Brief verfassen	02.06.										
1 Brief genehmigen lassen	05.06.										
1 Rückläufe auswerten	16.06.										
5 Adressen suchen	02.06.										
5 Partner kontaktieren	05.06.										
5 Verträge abschließen	06.07.										
8 Ausstellung vorbereiten	16.07.										
8 Plakate entwerfen	16.07.										
8 Druckereiangebote einholen	16.07.										
11 Pläne erstellen	16.07.										
11 Stromanschlüsse planen	15.08.										
15 Aktionstag vorbereiten	01.09.										
24 Aktionstag	15.09.										

Legende

Phasen:

Vorbereitung

Planung

Durchführung

Arbeitspakete:

planmäßiger Meilenstein

überzogener Meilenstein

Projektergebnisse präsentieren

Häufig werden Projekte mit einer **Präsentation** abgeschlossen. Es werden Forschungsergebnisse, Erfindungen, Geschäftsideen usw. präsentiert. Mithilfe eines Beobachtungsbogens können Sie hilfreiche Bewertungen einholen. Anregungen und weitere Hilfen erhalten Sie in Kapitel 9 (S. 131, 132).

Ein Feedback-Bogen bietet sich an, um eine messbare Rückmeldung zu Ihrer Arbeit im Team zu erhalten (➪ Kapitel 7, S. 107).

Arbeitsanregungen für das Projekt „Aktionstag zum Fairen Handel“:

1 *Führen Sie den Aktionstag durch.*

a) Erstellen Sie einen genauen Personalplan für den Aktionstag. Beziehen Sie den Hausmeister mit ein.

b) Planen Sie mit der Schulleitung einen Pressetermin. Erstellen Sie dafür eine Pressemappe. Bestimmen Sie einen Scout (Führer), der die Journalisten und andere Besucher über das Gelände führt.

c) Richten Sie einen Infostand für ortsunkundige Besucher ein. Der Projektleiter sollte über den Infostand erreichbar sein. Tipp: Beginnen Sie am Aktionstag mit den Vorbereitungen etwa zwei Stunden vor den ersten Besuchern.

Arbeitsanregungen für das Projekt „Aktionstag zum Fairen Handel“ und für weitere Projekte:

2 *Schreiben Sie einen Abschlussbericht.*

a) Tragen Sie alle während des Projekts gesammelten Materialien zusammen.

b) Legen Sie fest, welche Materialien Sie für die Dokumentation verwenden wollen, und ordnen Sie diese.

c) Entscheiden Sie, welches Teammitglied für welchen Teil des Abschlussberichts verantwortlich ist.

d) Stellen Sie den Abschlussbericht zusammen.

3 *Fertigen Sie einen Beobachtungsbogen für die Projektpräsentation an.*

4 *Analysieren Sie den Beobachtungsbogen.*

a) Überprüfen Sie, ob alle wichtigen Aspekte enthalten sind.

b) Kontrollieren Sie, ob die einzelnen Aspekte nachvollziehbar und verständlich sind.

c) Ist der Umfang des Bogens angemessen, zu klein oder zu umfangreich?

d) Wie viel Zeit kalkulieren Sie für die Bearbeitung eines Bogens?

e) Kann der Bogen in der zur Verfügung stehenden Zeit bearbeitet werden? Prüfen Sie nach.

5 *Fertigen Sie einen Feedback-Bogen zu Ihrer Arbeit im Team an. Orientieren Sie sich an dem Muster in Kapitel 7 (S. 107).*

Die Arbeit im Team bewerten

Am Ende einer Projektarbeit sollten die Teamarbeit und die Ergebnisse bewertet werden.

Bewertungskriterien können sein:

- Bewertung der Dokumentation: 1. Vollständigkeit
  2. Sorgfalt
  3. Gestaltung
- Bewertung des Produkts/der Präsentation
- Bewertung des Arbeitsverhaltens: 1. Teamfähigkeit
  2. Arbeitseinsatz
  3. Ideen

Den Abschluss eines Projekts bildet eine ausführliche Besprechung aller Teams. Lassen Sie sich Zeit für die Reflexion Ihres Projekts und überlegen Sie, was Sie in einem neuen Projekt anders machen würden. Danach werden die Teams aufgelöst.

Fazit

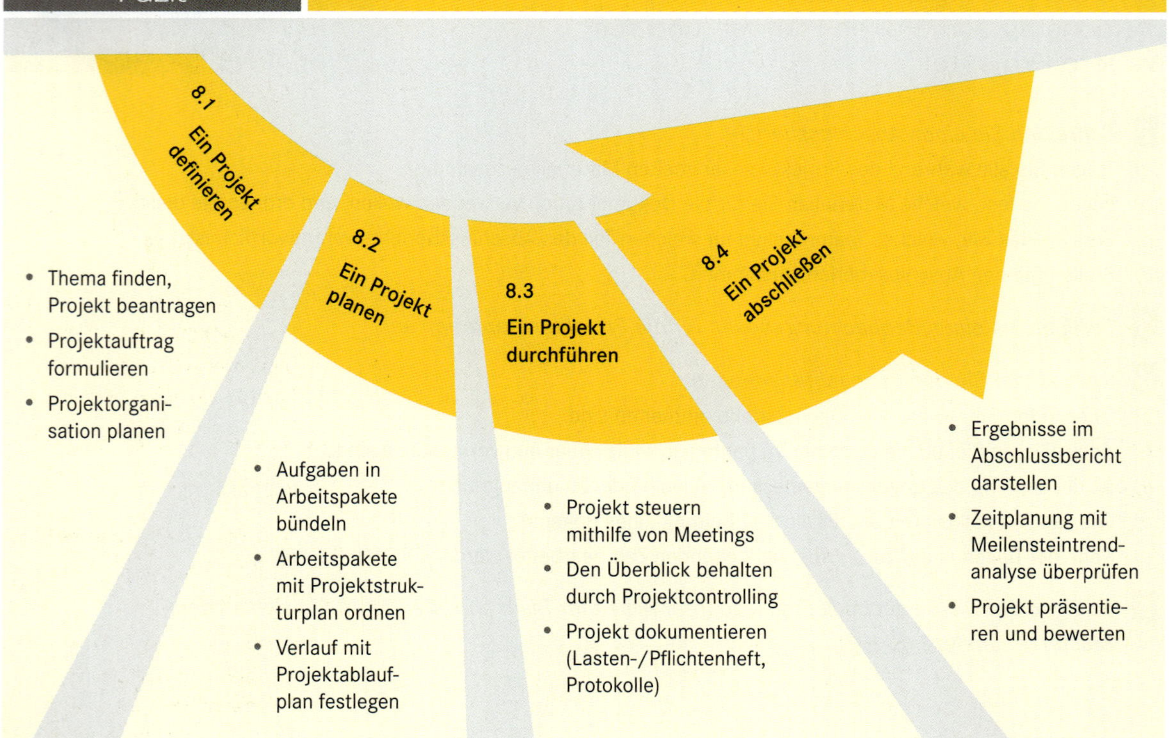

Kapitel 9

Methodenlexikon

ABC-Aufgaben: Diese Methode hilft, Aufgaben unterschiedlich zu gewichten und sich bewusst zu machen, was sehr oder weniger dringend erledigt werden muss. ➪ Kapitel 7, S. 104

Aktives Zuhören ➪ Zuhörtechniken

ALPEN-Methode ➪ Zeiteinteilung

Balkendiagramm ➪ Informationen gliedern und strukturieren

Beobachtungsbogen (für Vorträge/Präsentationen):

		sehr gut	verbessern	große Mängel	
Beobachtungskriterien		+	+/–	–	
Blickkontakt	• Zuhörer fühlen sich angesprochen				• Blickkontakt fehlt, unsicher • nur vom Blatt abgelesen
Mimik/Gestik	• freundliches Gesicht • Gestik macht Vortrag lebendig				• unfreundlich • keine/übertriebene Gestik
Körperhaltung	• Körper ist Zuhörern zugewandt				• Körper ist abgewandt
Sprechweise	• deutliche Aussprache • lebendige Betonung • angenehme Lautstärke • sinnvolle Sprechpausen				• undeutlich, genuschelt • monoton • zu laut/zu leise • keine/zu viele Sprechpausen
Sprechtempo	• angemessen				• zu langsam/zu schnell
Sprache	• Satzbau verständlich • Wortwahl verständlich und abwechslungsreich • Fremdwörter werden erklärt • anschauliche Beispiele • keine „Sprachmarotten"				• Satzbau zu verschachtelt • oft Wiederholungen, Umgangssprache • Fremdwörter nicht erklärt • unpassende/fehlende Bsp. • häufige „Sprachmarotten"
Zielgruppe	• wird berücksichtigt				• wird nicht berücksichtigt
Aufbau	• klar erkennbar, zielgerecht				• Ziel nicht klar
Inhalt	• treffende/überzeugende Argumente/Informationen • sachlich richtig				• Argumente/Informationen nicht überzeugend • sachliche Fehler
Medien	• geeignete Medienauswahl • deutlich erkennbar (Schrift usw.) • Zuhörer haben Zeit, um Medien zu verarbeiten				• ungeeignete Medienauswahl • undeutlich (Schrift usw.) • Zuhörer haben keine Zeit, um Medien zu verarbeiten

Methodenlexikon

Mit einem Beobachtungsbogen kann man einen Vortrag, eine Präsentation oder ein Rollenspiel besser bewerten. Es werden Kriterien vorgegeben, die auf einer Skala eingeschätzt werden sollen.

Checkliste ➪ **Lernhilfen**

Diagramme ➪ **Informationen gliedern und strukturieren**

Direktes Zitieren ➪ **Zitieren**

Dreischritt-Methode: Mit der Dreischritt-Methode kann man einen Vortrag, eine Rede oder eine Präsentation inhaltlich so planen, dass die Zuhörer gut folgen können und die Zielstellung erreicht wird.

Erster Schritt: Der Einleitung oder dem so genannten Ohröffner kommt eine besondere Bedeutung zu. Mit dem Ohröffner versucht man, die Aufmerksamkeit und das Interesse des Publikums zu erlangen.

Zweiter Schritt: Möchte man überzeugen, entwickelt man die Argumente schlüssig, begründet und veranschaulicht sie mit treffenden Beispielen, Belegen, Erläuterungen oder Analogien. Dabei sollte man sich verständlich ausdrücken. Möchte man informieren, stellt man ausgewählte Fakten und wichtige Zusammenhänge dar. Es sollten aber nicht zu viele Informationen gegeben werden. Stattdessen eignen sich Beispiele, damit das Publikum das Wesentliche besser behält.

Dritter Schritt: Der Zielsatz kommt zum Schluss. Möchte man überzeugen, wird der Zielsatz häufig als Appell (Aufforderung) formuliert (z. B.: *Deshalb ...!*). Möchte man informieren, geschieht dies durch eine grobe, kurze Zusammenfassung über die wichtigsten Kernaussagen (z. B.: *Die vier wichtigsten Regeln für verständliches Sprechen sind also: ...*).

Tipps: Aussagen wie „Damit bin ich am Ende meiner Präsentation angelangt“ oder „Ich hoffe, Ihnen hat meine Präsentation gefallen“ sollten vermieden werden. Die starre Trennung zwischen Informieren und Überzeugen wird häufig nicht gemacht. Oft werden die Zuhörer zunächst informiert, um anschließend von etwas überzeugt zu werden.

Exzerpieren: Exzerpieren bedeutet, einen Text auszugsweise wiederzugeben. So kann man später auf die Informationen zurückgreifen, ohne den Text nochmals zu lesen. Diese Methode eignet sich, wenn man nur bestimmte Informationen oder Argumente aus einem Text benötigt. Außerdem haftet ein „abgespeckter“ und eigenständig formulierter Text besser im Gedächtnis.
Ein Exzerpt entsteht, wenn man zwei Methoden anwendet:

1. Texte kürzen: Textstellen, die für die Textaussage nicht wesentlich sind, werden weggelassen. Es werden Stichworte und kurze Sätze formuliert.

2. Texte verdichten: Ausführlich dargelegte Informationen werden so zusammengefasst, dass der Text übersichtlicher wird. Das kann man durch eine andere Wortwahl (z. B. Fachausdrücke) und einen einfachen Satzbau (Hauptsätze) erreichen.

Vorgehen: Man unterteilt den zu bearbeitenden Text in Sinnabschnitte und formuliert die Kernaussage des jeweiligen Abschnitts. Definitionen, Schlüsselwörter und wichtige Thesen zitiert man wörtlich. Beispiele und ausführliche Argumentationen werden stichwortartig zusammengefasst. ➪ Zitieren (sinngemäßes Zitieren)
➪ **Kapitel 4, S. 58**

Feedback-Regeln einhalten: Das Wort Feedback kommt aus dem Englischen und bedeutet Rückmeldung. Mithilfe eines Feedbacks erfährt man, wie z. B. eine Präsentation auf das Publikum gewirkt hat und ob die Erwartungen erfüllt worden sind. Beim Feedback steht nicht die Kritik im Mittelpunkt, es ist eine Möglichkeit, mehr über sich selbst zu erfahren – positiv wie negativ.
Wenn man ein Feedback erhält, sollte man zunächst in Ruhe darüber nachdenken, welche Punkte man akzeptiert und welche nicht, und dann entscheiden, ob man sein Verhalten ändert oder nicht.
Damit das Feedback konstruktiv ist, sollten folgende Regeln beachtet werden:

Mit Takt und Respekt Feedback geben:

- Feedback nur geben, wenn darum gebeten wurde
- Mit positiven Eindrücken beginnen
- Sachlich beschreiben, nicht werten
- Auf konkretes Verhalten beziehen, das der Feedback-Empfänger verändern kann
- Nicht zu viel auf einmal ansprechen
- Ich-Botschaften verwenden, um die persönliche Wahrnehmung zu unterstreichen

Methodenlexikon

- Brauchbare Verbesserungsvorschläge formulieren

Mit Wertschätzung Feedback empfangen:
- Eindeutig zeigen, ob ein konstruktives Feedback gewünscht wird
- Den Feedback-Geber aussprechen lassen
- Aktiv zuhören und nachfragen, wenn etwas unklar oder zu allgemein ist (➪ Zuhörtechniken)
- Spontane Rechtfertigungen und Verteidigungen vermeiden
- Durch Körpersprache zeigen, dass das Feedback anerkannt wird (z. B. nicken, sich dem Feedback-Geber zuwenden)

➪ **Kapitel 7, S. 107** (Feedback-Bogen zur Gruppenarbeit)

Flipchart ➪ Präsentationsmedien

Fragebogen erstellen: Mit Fragebögen versucht man, die Meinung einer größeren Personengruppe zu erfassen. Von der Qualität der Fragen hängt es ab, was als Ergebnis herauskommt.

Vorüberlegungen:
- Was möchte man wissen?
- Wie wird die Frage formuliert, damit eine eindeutige Antwort gegeben wird?
- Welche Antwortmöglichkeiten sollen vorgegeben werden?

Aufbau:
- Allgemeine Fragen stehen am Anfang, z. B.: *Hat dir das Schulfest gefallen? (Ja/Nein)*
- Anschließend werden die Fragen konkreter, z. B.: *Welche Note gibst du dem Schulfest?*
- Am Ende wird nach Einzelheiten gefragt, z. B.: *Welche Aktionen haben dir auf dem Fest am besten gefallen?*

Fragetechniken: Eine Frage muss als solche erkennbar sein. Je nach Zielstellung kann gewählt werden zwischen geschlossenen und offenen Fragen:

1. Geschlossene Fragen: Alternativfragen oder Auswahlfragen (Sonderform: Skalenfrage)
- Vorteile: leicht und schnell auszuwerten; sie helfen dem Befragten, eine Entscheidung zu treffen
- Nachteil: eingeschränkte Antwortmöglichkeiten
- Antwortmöglichkeiten: Die Befragten wählen zwischen zwei Alternativantworten aus (z. B. Ja/Nein, Richtig/Falsch oder A/B) oder ihnen werden mehrere Antworten zur Auswahl gestellt, wie bei der Multiple-Choice-Frage, z. B.: *Welche Aktion hat dir auf dem Schulfest besonders gefallen? – die Akrobaten / das Karaokesingen / das Schulcafé / das Theaterstück / die Tanzaufführung*

Bei einer Skalenfrage bewerten die Umfrageteilnehmer eine These durch Ankreuzen auf einer Skala, z. B.: *Das Schulfest war ein großer Erfolg.*

trifft zu	+1	0	−1	trifft nicht zu

2. Offene Fragen: W-Fragen
- Vorteile: sind frei zu beantworten und bieten individuelle Antwortmöglichkeiten
- Nachteile: zeitintensiver auszuwerten, ein Vergleich der Antworten ist schwierig
- Antwortmöglichkeiten: Die Teilnehmer antworten in Textform (dafür muss entsprechend Platz auf dem Fragebogen eingeplant werden).

Tipps:
- Fragen verständlich formulieren, dabei auf die Zielgruppe achten
- So konkret wie möglich fragen, dabei ein hilfreiches Beispiel verwenden
- Doppelfragen vermeiden (z. B.: *Welche Aktion fandest du besonders gut und welche fandest du langweilig?*)
- Auf die Länge des Fragebogens achten, oft reichen 15 Fragen aus
- Eine Einleitung voranstellen, die über den Zweck der Befragung informiert, die Anschrift für die Rücksendung sowie den Termin der Abgabe angibt
- Den Fragebogen vor dem Einsatz an ein oder zwei Personen erproben, die der Zielgruppe entsprechen, und diese um ein Feedback bitten; einzelne Fragestellungen können noch überarbeitet werden

5-Schritt-Lesetechnik ➪ Lesetechniken

Gliederung, linear ➪ Informationen gliedern und strukturieren

Gruppenarbeit/Teamarbeit: Methode, bei der in Gruppen/Teams gearbeitet wird, besonders geeignet für handlungsorientierte Themen und Projektarbeit ➪ **Kapitel 7, S. 107; Kapitel 8**

Methodenlexikon

Informationen gliedern und strukturieren: Um die Stoffsammlung zu einem Thema überschaubar zu gliedern und zu strukturieren, eignen sich die folgenden Methoden:

1 Diagramme: Je nach Bedarf oder Zweck kann man unter verschiedenen Diagrammtypen auswählen:

a) Kreisdiagramm

Hauptaussage: zeigt Anteilsverhältnisse einer Gesamtheit zu einem bestimmten Zeitpunkt

Tendenzaussage: keine

Wirkung: lenkt die Aufmerksamkeit auf das Wichtigste, wenn die Daten im Uhrzeigersinn (bei 12 Uhr anfangen) angeordnet sind

➪ **Kapitel 3, S. 53**

b) Linien- bzw. Kurvendiagramm, Punktediagramm

Hauptaussage: stellt die Entwicklungen in einem zeitlichen Verlauf dar

Tendenzaussage: Trends zu bestimmten Zeitpunkten

Wirkung: zeigt Entwicklungsverläufe von längeren Zeiträumen auf einen Blick

➪ **Kapitel 3, S. 53**

c) Säulen- bzw. Balkendiagramm

Hauptaussage: stellt einen Zeit- und Häufigkeitsvergleich in verschiedenen Zeiträumen oder für unterschiedliche Zeitspannen dar

Tendenzaussage: Ein Entwicklungstrend kann dargestellt werden.

Wirkung: vermittelt einen Eindruck von Größenverhältnissen

➪ **Kapitel 3, S. 53**

2 Gliederung, linear: Die Informationen zu einem Thema werden Punkten und Unterpunkten zugeordnet. Zur Bezeichnung der Punkte und Unterpunkte eignen sich Zahlen besonders gut.

3 Schaubild: Schaubilder stellen Sachverhalte grafisch dar und können Bilder, Symbole und dgl. enthalten.

➪ **Kapitel 1, S. 11; Kapitel 4, S. 59; Kapitel 8, S. 123**

Eine besondere Form ist die Mindmap:

Tipps:

- Arbeitsmaterial: ein Blatt DIN A4 oder DIN A3 quer, Textmarker, farbige Stifte
- In Druckbuchstaben schreiben
- Als Hilfsmittel dienen Pfeile und Farben, um Zusammenhänge aufzuzeigen und Wichtiges hervorzuheben, aber auch andere Gestaltungselemente (z. B. Bilder/Symbole).

Die Mindmap ist eine „Gedankenlandkarte" zur übersichtlichen und geordneten Darstellung von Ideen, Vorstellungen und Ergebnissen zu einem Thema. Das zentrale Thema wird in die Mitte eines Blattes geschrieben

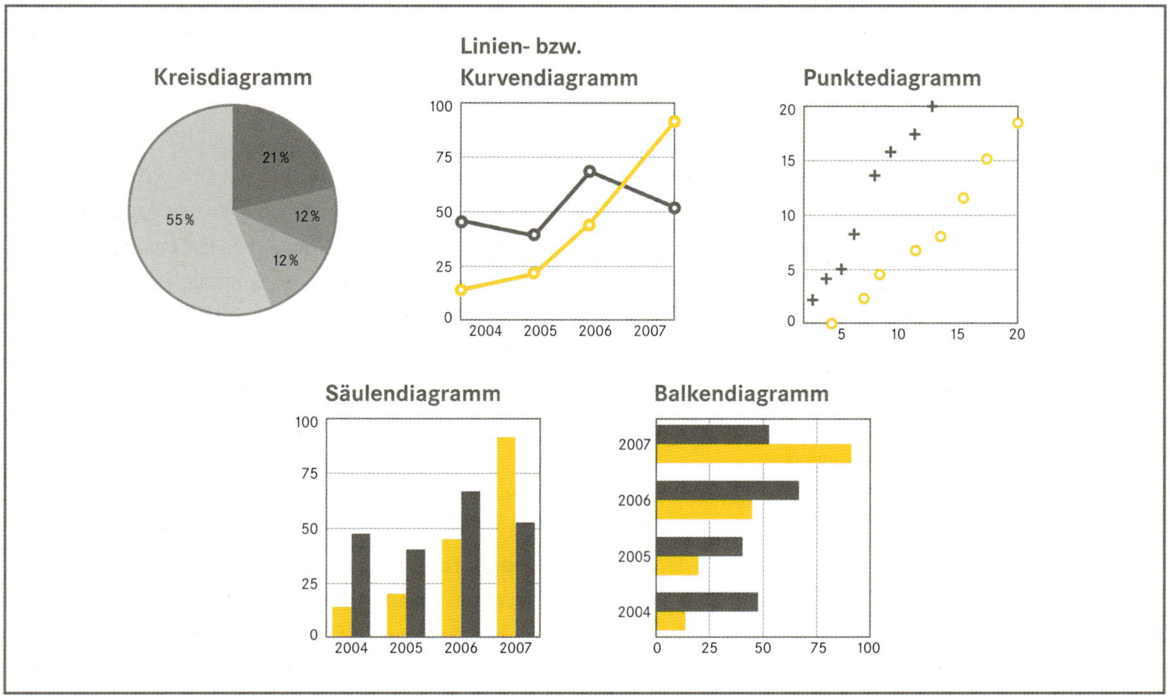

Methodenlexikon

und eingekreist. Um das Thema herum werden Hauptäste angeordnet, auf denen die Hauptgedanken (Schlüsselwörter) des Themas stichwortartig festgehalten werden. Für jeden neuen Aspekt wird ein weiterer Ast eingerichtet. Zur weiteren Differenzierung, wenn z. B. weitere Teilaspekte eines Gedankens noch feiner strukturiert werden sollen, werden Nebenäste angelegt.
➪ **Kapitel 7, S. 103**

Inhalte zusammenfassen: Inhalte kann man auf unterschiedliche Weise zusammenfassen: ➪ **Inhaltsangabe; Exzerpieren; Visualisieren (Informationen gliedern und strukturieren)**

Inhaltsangabe: Eine Inhaltsangabe kann zu Sachtexten und zu literarischen Texten geschrieben werden.
1 Inhaltsangabe zu einem Sachtext: Sachtexte werden zusammengefasst, um die darin enthaltenen Informationen jederzeit abrufen zu können.

- *Einleitung:* Angaben zu Autor/-in, Titel, Quelle, Erscheinungsdatum und Thema des Textes
- *Hauptteil:* die wichtigsten Aussagen des Autors sachlich wiedergeben
- *Schluss:* z. B. die Meinung des Autors (wenn enthalten) zusammenfassen
- *Sprachliche Form:* im Präsens schreiben, Aussagen des Autors in indirekter Rede wiedergeben

➪ **Kapitel 4, S. 57**

2 Inhaltsangabe zu einem literarischen Text: Das Geschehen wird sachlich und knapp zusammengefasst.

- *Einleitung:* Angaben zu Autor/-in, Titel, Textsorte und zum Thema des Textes
- *Hauptteil:* Wiedergabe wesentlicher Informationen zum Verlauf eines Geschehens/einer Handlung: Ort und Zeit, Figuren, was geschieht warum
- *Schluss:* enthält Deutungen und Beurteilungen, die auf das Thema des Textes Bezug nehmen
- *Sprachliche Form:* im Präsens schreiben, die wörtliche Rede (Zitate aus dem Text) steht im Konjunktiv (indirekte Rede)

➪ **Kapitel 5, S. 79**

Kartenabfrage: Methode, die es ermöglicht, zu Beginn einer Diskussion, Unterrichtsreihe oder Projektplanung Vorkenntnisse, Erwartungen oder Lösungsansätze von den Teilnehmern abzufragen. Die Karten werden nach verschiedenen Gesichtspunkten verschiedenfarbig geordnet. Die Abfrage wird von einer Moderatorin oder einem Moderator gesteuert.
Material: Metaplanwand, farbige Karten (Pappkarton) (➪ Präsentationsmedien)

Kommunikationsmodelle anwenden: Erfolgreiche Verständigung erfordert, die kommunikativen Absichten eines Senders (Sprechers) in einer Mitteilung oder einer Gesprächssituation zu entschlüsseln, um angemessen reagieren zu können. Dazu kann man unterschiedliche Modelle anwenden:
Nach *Karl Bühler* sind in jeder Mitteilung **Darstellung** (sich sachlich auseinandersetzen), **Ausdruck** (eine Befindlichkeit ausdrücken) und **Appell** (eine Aufforderung ausdrücken) enthalten, wobei es darauf ankommt, herauszufinden, auf welcher Ebene je nach Absicht des Senders das Hauptgewicht liegt.
➪ **Kapitel 1, S. 11**
Nach *Schulz von Thun* sind in jeder Mitteilung eine **Sachebene** (sachliche Information) und eine **Appellebene** (Aufforderung) enthalten. Darüber hinaus enthält eine Mitteilung noch eine **Selbstoffenbarungsebene** (Selbstauskunft) und eine **Beziehungsebene** (verdeutlicht, wie Sender und Empfänger zueinander stehen). Es sind nach diesem Modell also vier Ebenen einer Mitteilung zu entschlüsseln, um herauszufinden, was die Absicht des Senders (Sprechers) ist. Das bedeutet für unser Beispiel S. 10, 11: *Lisa zu Edgar: „Du interessierst dich ja nur noch für Fußball und nicht mehr für mich!“*
***Sachebene** (Information): Dein Interesse gilt sehr stark deinem Hobby, du hast weniger Zeit für mich als früher.*
***Selbstoffenbarungsebene** (Selbstauskunft): Ich fühle mich vernachlässigt.*
***Beziehungsebene:** Unser Verhältnis zueinander soll intensiver sein, war schon besser.*
***Appellebene:** Du sollst ein Spiel absagen, ein Training auslassen, mehr Zeit mit mir verbringen!*

Kreisdiagramm ➪ **Informationen gliedern und strukturieren**

Kugellager: Ziel dieser Methode ist es, dass man sich zu einem Thema gegenüber vielen wechselnden Ge-

sprächspartnern äußert.
Dauer: 15 – 20 Minuten
Teilnehmer: die ganze Klasse
Material: nicht erforderlich
Verlauf:
1. Die Teilnehmer bilden einen Innen- und Außenkreis. Sie sitzen/stehen einem Partner gegenüber.
2. Die Teilnehmer im Innenkreis äußern sich zu einem vorher festgelegten Thema.
3. Die Gesprächspartner im Außenkreis hören zu.
4. Auf Kommando rücken alle Teilnehmer im Innenkreis eine Position weiter. Neue Gesprächspaare werden gebildet.
5. Jetzt sprechen die Teilnehmer im Außenkreis über das Thema und die Partner im Innenkreis hören aktiv zu (➪ Zuhörtechniken).
6. Der Innenkreis rückt erneut eine Position auf und äußert sich usw. Die Ideen werden anschließend im Plenum ausgetauscht.

Abwandlungen:
1. Damit die Teilnehmer nicht immer genau einschätzen können, auf welchen Partner sie treffen, sollte das Weiterrücken mal um eine, mal um mehrere Positionen vorgenommen werden. Auch muss nicht unbedingt der Innenkreis mit den Äußerungen anfangen.
2. Die Teilnehmer im Außen- und Innenkreis tauschen sich über ein bestimmtes Thema aus, indem sie die Rollen als Sprecher und Zuhörer wechseln. Dann erst geht die Rotation weiter.

Kurvendiagramm ➪ Informationen gliedern und strukturieren

Laptop mit Beamer ➪ Präsentationsmedien

Lernhilfen: Die folgenden Hilfen können das Lernen erleichtern:
1 Spickzettel: Die Technik hat nichts mit „Spicken“ zu tun. Es geht darum, den Lernstoff zusammenzufassen. Dabei hilft es, wenn man sich vorstellt, dass man einen Spickzettel schreibt. Man kann die Informationen, Formeln und Regeln auf Karteikarten schreiben. So lässt es sich leichter lernen.
2 Checkliste: Sammlung von Fragen zu einem Thema, deren Antworten in der Regel angekreuzt werden. Dafür eignen sich geschlossene Fragen (➪ Fragebogen erstellen). Soweit es möglich ist, decken diese Fragen das Thema ganz ab. Die Auswertung der Antwortliste macht deutlich, ob dieses Thema gut bearbeitet wurde und wo noch Handlungsbedarf besteht.
➪ Kapitel 6, S. 86, 96; **Kapitel 7, S. 106**
3 Lernkarte: Karte, auf der festgehalten wird, was man noch nicht so gut kann („rote“ Liste) bzw. was man schon gut kann („grüne“ Liste).

Lernkarte ➪ Lernhilfen

Lernplakat gestalten: Wichtige Ergebnisse einer Arbeitsphase werden **in strukturierter Form**, z. B. auf Plakatpapier, zusammengefasst. Ziele können z. B. sein: die für alle sichtbare Bereitstellung der Ergebnisse als Grundlage für weitere Arbeitsschritte, z. B. das Veröffentlichen von Merkmalen guten Zuhörens, die individuelle oder in Gruppen vorgenommene Vorbereitung auf eine Klassenarbeit oder Prüfung, das Vorstellen/Präsentieren von Ergebnissen einer Gruppenarbeit (➪ Kapitel 6, S. 87).

Lerntagebuch: Tagebuch, in dem alles festgehalten wird, was im Zusammenhang mit dem Lernen wichtig ist.
➪ **Kapitel 7, S. 105**

Lerntechniken: Es gibt verschiedene Techniken, die das Lernen erleichtern: ➪ **Lernhilfen; Lerntagebuch; Lernvereinbarung; Lesetagebuch; Mitschreiben; Portfolio; Zeiteinteilung**

Lernvereinbarung: Ein Lernvertrag, in dem schriftlich festgehalten wird, was man lernen möchte
➪ **Kapitel 7, S. 105**

Lesetagebuch: Ein Tagebuch, das man neben dem Lesen eines Buches führt und in das man einträgt, was einen beim Lesen beschäftigt
➪ **Kapitel 7, S. 108**

Lesetechniken: Es gibt verschiedene Techniken, die das Lesen erleichtern, z. B.:
1 5-Schritt-Lesetechnik: Diese Technik hilft, einen Text besser zu verstehen und Informationen aus dem Text zu filtern.

Methodenlexikon

➪ Kapitel 4, S. 56, 57; Kapitel 7, S. 112, 113
2 Vier Arten, einen Text zu lesen: Wenn man liest, hat man unterschiedliche Ziele, z. B. sucht man in einem Text nach Details oder man möchte sich einen Gesamtüberblick verschaffen. Man kann wählen zwischen dem punktuellen, fortlaufenden, diagonalen und intensiven Lesen.
➪ Kapitel 7, S. 109 - 111

Linien- bzw. Kurvendiagramm (Punktediagramm)
➪ **Informationen gliedern und strukturieren**

Metaplanwand und Karten ➪ **Präsentationsmedien**

Mindmap ➪ **Informationen gliedern und strukturieren**

Mitschreiben: Übersichtliche Mitschriften im Unterricht können eine zusätzliche Ergänzung zum Lernen sein.
➪ Kapitel 7, S. 103

Overheadprojektor und Folien ➪ **Präsentationsmedien**

Passives Zuhören ➪ **Zuhörtechniken**

Portfolio: Arbeitsmappe, in der man all das zusammenträgt und geordnet aufbewahrt, das beschreibt, was und wie man etwas lernt. Damit kann man z. B. die Entwicklung seiner Leistungen dokumentieren. Es ist auch hilfreich, um sich mit den Lerninhalten auseinanderzusetzen und über das eigene Lernverhalten sowie Lerntechniken nachzudenken. Darauf aufbauend kann eine geeignete Lernstrategie entwickelt werden.

Präsentationsmedien: Präsentieren kann man mit vielen Medien, u. a. mit:
1 Flipchart:
Vorteile: einfach zu handhaben und zu transportieren
Nachteile: Flipchartblock ist teuer/nicht geeignet für große Räume (auf hinteren Plätzen nicht zu sehen)
Tipps: dicken Filzer verwenden, Druckbuchstaben
2 Laptop mit Beamer:
Vorteile: transportierbar, Abspielen von DVDs und MP3-Musikformat, eigene Aufnahmen können gezeigt werden, professionelle und schnelle Gestaltung von Grafiken, Abbildungen, Bildern usw., Einsatz von Präsentationsprogrammen wie PowerPoint oder Keynote möglich
Nachteile: Gute Software- und Hardwarekenntnisse sind erforderlich, häufig gerät der Präsentierende in den Hintergrund, Reizüberflutung durch zu große Bilderflut, Medienmonotonie.
Tipps: andere Medien einbauen, z. B. ➪ Flipchart, maximal 15 Minuten, ausreichende Redepausen einbauen, weitere Tipps: ➪ Overheadprojektor
3 Metaplanwand und Karten:
Vorteile: flexibler Einsatz der Metaplankarten (verschieben und neu anordnen), Übersicht wird gewährleistet durch unterschiedliche Formate/Formen/Farben der Karten, clustern (Haufenbildung nach Sinnzusammenhängen) und die Bildung von Oberbegriffen, Teilnehmer füllen die Karten aus und werden dadurch aktiv beteiligt
Nachteile: Moderationsregeln müssen beherrscht werden, der Umgang mit Karten und Wand erfordert Routine
Tipps: nur ein Aspekt auf eine Karte, nur Stichworte, höchstens drei Zeilen pro Karte, Druckbuchstaben, gut formulierte Kartenfragen führen zum Ziel
4 Overheadprojektor und Folien:
Vorteile: transportierbar und verschiebbar, Folien können vorbereitet werden
Nachteile: Weiße Projektionsfläche muss vorhanden sein, Sonnenlicht kann blenden, Schrift auf Folie ist zu klein oder zu dünn, zu viele Folien/zu schneller Folienwechsel, Folien häufig überladen.
Tipps: nicht mit der Wand sprechen oder im Licht stehen, nicht hinter dem OHP verschanzen, bei längeren Pausen abschalten, Folien durchnummerieren, Zeigehilfen verwenden, Blickkontakt zum Publikum suchen
5 Wandtafel:
Vorteile: einfach zu handhaben, große Schreibfläche, durch Abwischen Veränderungen jederzeit möglich
Nachteile: Sprechen und Schreiben gleichzeitig schwierig, Gefahr, mit der Tafel zu sprechen, Tafelbilder können nicht gesichert werden
Tipps: auf gut lesbare Schrift achten, auf Raumaufteilung achten, kontrastreiche Kreidefarben benutzen

Punktediagramm ➪ **Informationen gliedern und strukturieren**

Methodenlexikon

Quellenangaben ➪ **Zitieren**

Rollenspiel: Ziel dieses Spiels ist es, vorhandene Verhaltensweisen zu überprüfen oder neue Verhaltensweisen zu erlernen. Man schlüpft in eine vorgegebene Rolle und probiert darin verschiedene Verhaltensweisen durch. Man „durchlebt" bestimmte Situationen (z. B. ein Bewerbungsgespräch) und bekommt ein Feedback. Dadurch gewinnt man Sicherheit.

Dauer: bis zu 1 Stunde

Teilnehmer: Die ganze Klasse bereitet das Spiel in Gruppen vor. Beim Spiel werden die Mitspieler von den anderen Klassenmitgliedern beobachtet.

Variante 1: Beim spontanen Spiel so schnell wie möglich anfangen.

Variante 2: Die Beobachter werden in Gruppen mit unterschiedlichen Aufträgen aufgeteilt, z. B. beobachtet eine Gruppe intensiv Mimik und Gestik.

Material: Requisiten, damit das Spiel echt wirkt

Verlauf:

Vorbereitung

1. Das Thema wird festgelegt, die Rollen werden vorgestellt.
2. Jede Rolle wird von einem Spieler besetzt, der sich auf sein Spiel vorbereitet.
3. Die anderen Klassenmitglieder erhalten Beobachtungsaufträge, die zuvor auch gemeinsam erarbeitet werden können.

Spiel

4. Das Rollenspiel wird durchgeführt. Hierbei ist wichtig, dass die Spieler ihre Rolle annehmen und sich mit ihr identifizieren.

Auswertung

5. Den Spielern wird gedankt und sie werden aus ihren Rollen entlassen.
6. Die Spieler werden gefragt, wie sie sich in ihrer Rolle gefühlt haben und ob sie selbst zu ihrer Rolle etwas sagen möchten.
7. Die Klasse teilt ihre Beobachtungsergebnisse mit. Es werden die ➪ Feedback-Regeln eingehalten.

Beispiele für Beobachtungskriterien:

- Haben sich die Spieler in ihren Rollen zurechtgefunden?
- Inwiefern entsprachen die Dialoge der Situation?
- In welchem Tonfall wurde gesprochen?
- Welche Körpersprache benutzten die Rollenspieler?
- Welche Lösungen wurden genannt?
- Wurde eine brauchbare Entscheidung getroffen?

➪ Kapitel 1, S. 14, 16

Säulen- bzw. Balkendiagramm ➪ **Informationen gliedern und strukturieren**

Schaubild ➪ **Informationen gliedern und strukturieren**

6-3-5-Formular

Problem/Fragestellung: ...

Datum: ...

Teilnehmer / Idee	Teilnehmer / Idee	Teilnehmer / Idee
A 1	A 1	A 1
B 2	B 2	B 2
C 3	C 3	C 3
D 4	D 4	D 4
E 5	E 5	E 5

Methodenlexikon

6-3-5-Methode: Mit dieser Methode bringen **6** Teilnehmer jeweils **3** Ideen in **5** Minuten zu Papier.
Ziel des Spiels ist es, Ideen und Problemlösungen zu finden.
Dauer: 30 - 40 Minuten
Teilnehmer: 6
Material: 6-3-5-Formular (➪ S. 138)
Verlauf:

1. Jeder Schüler/jede Schülerin erhält ein 6-3-5-Formular mit einer Fragestellung.
2. Jede der 6 Personen trägt 3 Ideen bzw. Lösungsvorschläge auf das Formular (nebeneinander) ein.
3. Die Zeit beträgt pro Person 5 Minuten.
4. Auf das Kommando des Moderators/der Moderatorin werden die Blätter nacheinander an die übrigen 5 Schüler weitergegeben, sodass am Ende des Rundlaufs jeder die Vorschläge der anderen vor sich hat.
5. Die Vorschläge der anderen soll jeder mit drei weiteren Ideen ergänzen.
6. Nach dem sechsten Durchgang erhält man seinen Bogen zurück und präsentiert die Ergebnisse.

Ergebnis: 18 Ideen pro Formular (insgesamt 108)
Tipp: den Gedanken freien Lauf lassen, auch Verrücktes oder nicht Machbares aufschreiben

Sinngemäßes Zitieren (indirekte Rede) ➪ Zitieren

Situationsbezogen sprechen: Erfolgreiche Kommunikation hängt entscheidend davon ab, wie man sich auf eine Zielgruppe, eine Gesprächssituation und einen Gesprächsort einstellt. Folgendes ist zu beachten:

1. Situation berücksichtigen: Halte ich einen Vortrag, diskutiere ich in der Klasse oder zu Hause, befinde ich mich in einem Vorstellungsgespräch oder stelle ich mich auf einer Party vor? Zu beachten sind jeweils Sprachebene und Körpersprache.
2. Zielgruppe berücksichtigen: Vor/mit welchen Personen spreche ich (Alter, Geschlecht, soziale Stellung); das hat Auswirkungen z. B. auf den „Ohröffner", das Schwierigkeitsniveau usw.
3. Verständlich sprechen:

- Einfach sprechen: Wortwahl und Satzbau müssen problemlos nachvollziehbar sein.
- Kurz und bündig sprechen: Die Sache auf den Punkt bringen
- Strukturiert sprechen: Der rote Faden muss nachvollziehbar sein.
- Lebendig sprechen: Interessante und abwechslungsreiche Beispiele verwenden

Spickzettel ➪ Lernhilfen

Teamarbeit ➪ Gruppenarbeit/Teamarbeit

Telefonregeln einhalten: Vor allem bei geschäftlichen Telefongesprächen sollte man bestimmte Regeln einhalten:

Vor dem Gespräch:

- Telefongespräche immer vorbereiten (Zweck, Fragen)
- Kalender und Unterlagen griffbereit haben
- Notizblock und Stift bereithalten
- Name des Ansprechpartners erfragen und notieren

Während des Gesprächs:

- Nicht essen, rauchen oder Kaugummi kauen
- Radio, Fernsehen oder weitere Geräuschkulissen ausstellen
- Sich auf das Gespräch konzentrieren
- Mit vollständigem Namen melden (z. B. *Guten Tag, mein Name ist Florian Sunder ...*)
- Freundlich sein
- Angemessene Sprache (➪ Sprechen)
- Den Gesprächspartner mit Namen ansprechen
- Keine Sprachmarotten wie „Ähm"
- Aktiv zuhören (➪ Zuhörtechniken)
- Daten und Termine wiederholen

Nach dem Gespräch:

- Wichtige Daten und Termine notieren
- Informationen eventuell weiterleiten

Vier Arten, einen Text zu lesen ➪ Lesetechniken

Visualisieren: Textinhalte können mithilfe grafischer Elemente dargestellt und zusammengefasst werden.
➪ Informationen gliedern und strukturieren

Wandtafel ➪ Präsentationsmedien

Wörtliches Zitieren (direkte Rede) ➪ Zitieren

Methodenlexikon

Zeiteinteilung: Eine gute Zeitplanung ist wichtig, diese Methoden können helfen:

1. ➪ **ABC-Aufgaben**

2. **ALPEN-Methode:** Diese Methode hilft, die für eine Aufgabe zur Verfügung stehende Zeit realistisch zu planen (z. B. einen Lernnachmittag). Dabei geht man so vor: **A**lle Aufgaben, Aktivitäten und Termine zusammenstellen; **L**änge der Tätigkeiten (Zeitbedarf) schätzen; **P**ufferzeiten für Unvorhergesehenes reservieren; **E**ntscheidungen über Prioritäten und Kürzungen treffen; **N**achkontrolle – Unerledigtes auf einen späteren Zeitpunkt übertragen.

➪ **Kapitel 7, S. 104**

Zitieren: Verwendet man z. B. in einem Referat oder in einem Aufsatz Zitate, müssen diese als solche kenntlich gemacht werden:

1 Direktes (wörtliches) Zitieren:
- Anfang und Ende des Zitats werden durch Anführungsstriche deutlich gemacht.
- Wird eine Textpassage nicht vollständig zitiert, werden die Auslassungen mit rechteckigen Klammern und drei Punkten gekennzeichnet: [...].
- Übernimmt man ein Zitat, z. B. in das eigene Referat, können die Fallendungen (z. B. *-es, -en, -er, -em*) verändert werden. Beispiel:
  Original: *„Im Laufe dieses **Jahres** wird sich nichts an der Einstellung der Experten ändern."*
  Als Zitat: *Der Autor meint, in diesem „**Jahr** wird sich nichts an der Einstellung der Experten ändern".*

2 Sinngemäßes Zitieren (indirekte Rede):
- Längere Textpassagen werden oft in indirekter Rede wiedergegeben (➪ Kapitel 2, S. 43).
- Der Sinn darf nicht entstellt werden.
- Sinngemäße Zitate müssen ebenfalls kenntlich gemacht werden, z. B. durch eine Einleitung des Zitats (*Der Autor meint, dass ...*).

3 Quellenangaben:
- Sie erscheinen im Text oder als Fuß- oder Endnoten.
- Sie enthalten den Nachnamen und den Vornamen des Autors/Herausgebers, Titel, Auflage, Verlagsort, Verlag, Erscheinungsjahr, Seitenangabe.
  Beispiel: *Berthold, Siegwart: Reden lernen, 1. Aufl., Frankfurt am Main: Cornelsen Scriptor Verlag 1993, S. 15.*
- Beim sinngemäßen Zitieren erscheint vor der Literaturangabe die Abkürzung „vgl." für die Aufforderung „Vergleiche!"

4 Zitieren aus dem Internet:
Es gelten die gleichen Zitierregeln wie bei Dokumenten aus Printmedien. Bei Quellenangaben ist Folgendes zu beachten:
- Die URL (Webadresse) vollständig anführen; es genügt nicht, nur die Domain (z. B.: *www.bbs-sander.de*) anzugeben
- Das Downloaddatum mit Uhrzeit angeben
- Beispiel für einen Quellennachweis: *http://www.bbs-sander.de/Kommunikation/Telefonieren.html, [12.08.06, 15:45 Uhr]*

Zuhörtechniken: Zuhören ist ein Vorgang, bei dem man unterschiedliche Ziele verfolgt.
Dabei kann man zwischen zwei Arten unterscheiden:

1 Aktives Zuhören: Der Zuhörer verfolgt das Gesagte seines Gegenübers und gibt verbales und körpersprachliches Feedback (z. B. durch Nicken).

➪ **Kapitel 7, S. 115, 116**

2 Passives Zuhören: Es gibt zwei Möglichkeiten:
Aufnehmendes Zuhören: Der Zuhörer nimmt das Gesagte seines Gegenübers kommentarlos auf, z. B. bei einem Diktat.
Umschreibendes Zuhören: Das Gehörte wird noch einmal mit eigenen Worten wiedergegeben, z. B. bei der Wiedergabe des Lehrervortrags.

➪ **Kapitel 7, S. 114**

Kapitel 10

Operatoren kennen – Arbeitsanweisungen verstehen

Was sind Operatoren?

Operatoren sind Arbeitsanweisungen. Sie sind wesentlicher Bestandteil jeder Aufgabenstellung, denn sie benennen die Handlungsschritte (in Form von Verben), die zur Lösung von Aufgaben notwendig sind.

Die Anforderungen einer Aufgabe, die durch die Formulierung der Arbeitsanweisungen deutlich werden, verlangen von Ihnen unterschiedliche Fähigkeiten und Vorkenntnisse. Sie müssen sich bei jeder Aufgabenstellung fragen: Welche Fertigkeiten werden von mir verlangt? Welche Tätigkeiten auf welchem Anforderungsniveau werden von mir erwartet? Welche Vorkenntnisse brauche ich?

Wenn Sie z. B. einen Text mit Ihren eigenen Worten **wiedergeben** sollen, dann können Sie sich auf den Inhalt der Textvorlage beschränken. Sollen Sie einen Text **analysieren** oder **untersuchen**, dann betrachten Sie z. B. Aspekte von Inhalt, Aufbau und Sprache. Zu Ihren Ergebnissen formulieren Sie dann eigene Aussagen. Wenn von Ihnen eine **Textinterpretation** verlangt wird, dann benötigen Sie Vorkenntnisse, um zu begründeten Aussagen gelangen zu können. Sie müssen z. B. wissen, was Metaphern sind, wie man Figuren charakterisiert, welche Formmerkmale ein Gedicht haben kann.

Entsprechend den unterschiedlich komplex zu erbringenden Leistungen lassen sich die Operatoren verschiedenen **Anforderungsbereichen** zuordnen.

Die wichtigsten Operatoren, die Sie im Buch, in Lernstandskontrollen und in Prüfungsaufgaben finden können, wurden in die folgenden tabellarischen Übersichten aufgenommen.

Anforderungsbereich I
z. B. beschreiben

Anforderungsbereich II
z. B. analysieren
(das bedeutet z. B.:
deuten
vergleichen
beschreiben)

Anforderungsbereich III
z. B. interpretieren
(das bedeutet z. B.:
begründen
bewerten
analysieren
beschreiben)

Operatoren kennen – Arbeitsanweisungen verstehen

Anforderungsbereich I

Dieser Bereich umfasst das Wiedergeben, Beschreiben und Darstellen von Sachverhalten. Die von Ihnen erwarteten Tätigkeiten beziehen sich auf ein gegebenes Material (z. B. Text, Situation, Grafik) oder auf Sachverhalte in einem abgegrenzten Lernzusammenhang.

Verb	Anforderung (erwartete Tätigkeit)	Beispielaufgabe im Buch
nennen aufschreiben/ herausschreiben notieren	Sie tragen die wesentlichen Informationen (Kernaussagen) eines Textes oder eines Sachverhaltes zusammen (Sie zählen sie auf), ohne dass Sie diese kommentieren.	S. 59, 2 S. 31, 2a S. 17, 2a S. 80, 1a
beschreiben	Sie stellen vorgegebene Situationen, Texte, grafische Darstellungen, Personen, Vorgänge, Sachverhalte sachlich genau dar, ohne sie schon zu bewerten.	S. 7, 1 S. 10, 4 S. 59, 1
wiedergeben (meist gekoppelt mit) zusammenfassen	Sie formulieren den Inhalt eines Textes mit eigenen Worten. Sie verknappen Inhalte, Aussagen, Zusammenhänge auf das Wesentliche und geben dies strukturiert in wenigen Sätzen wieder.	S. 43, 1, 2 S. 57 – 59 S. 58, 1d S. 79, 1
darstellen/ vorstellen	Sie formulieren Ergebnisse, z. B. einer Informationsrecherche, einer Befragung, einer Diskussion, einer Gruppenarbeit, zusammenfassend oder unter einer bestimmten Fragestellung.	S. 8, 2b S. 10, 5c S. 89, 1

Anforderungsbereich II

Dieser Bereich umfasst das selbstständige Anwenden und Übertragen von Kenntnissen und Fertigkeiten auf neue Materialien und Situationen. Von Ihnen werden Tätigkeiten wie das Auswählen, Bearbeiten, Ordnen, Vergleichen, Analysieren, Erklären von Sachverhalten und Zusammenhängen erwartet. Besonders kommt es darauf an, diese Kenntnisse und Fertigkeiten selbstständig auf neue Fragestellungen, unbekannte Texte oder Situationen zu übertragen.

Verb	Anforderung (erwartete Tätigkeit)	Beispielaufgabe im Buch
erschließen	Unter Berücksichtigung von vorgegebenen Gesichtspunkten (z. B. die Verwendung von Sprachbildern, rhetorischen Stilmitteln usw.) erarbeiten Sie sich den Sinngehalt oder die Problemstellung eines Textes oder Textteils.	S. 6, 1 S. 17, 1 S. 71, 1
deuten	Sie entschlüsseln sprachliche Bilder (z. B. Metapher, Vergleich, Personifikation), Textteile, Texte in ihrer übertragenen Bedeutung und beschreiben diese.	S. 13, 1b S. 72, 2

Operatoren kennen – Arbeitsanweisungen verstehen

Verb	Anforderung (erwartete Tätigkeit)	Beispielaufgabe im Buch
charakterisieren	Sie erfassen die wesentlichen Merkmale, Eigenschaften, Erscheinungsformen von Personen, Sachverhalten, Vorgängen, Zuständen und beschreiben diese.	S. 81, 3 S. 86, 2, 3
auswerten	Sie führen die wichtigsten Ergebnisse aus einzelnen Berichten, Umfragen, Beobachtungsbögen, Feedback-Notizen zu einer Gesamtaussage zusammen.	S. 14, 2 S. 90, 1b
erklären	Sie stellen Sachverhalte, Aussagen, Hintergründe, Einsichten auf der Grundlage von bereits vorhandenen Kenntnissen dar.	S. 38, 2c S. 93, 2
erläutern	Eine Erläuterung gleicht der Erklärung, Sie formulieren jedoch anschaulicher durch das Hinzufügen von Beispielen und zusätzlichen Informationen.	S. 63, 3a S. 71, 1b S. 96, 5b
vergleichen	Sie stellen Texte, Textaussagen, Problemstellungen, sprachliche Mittel usw. nach vorgegebenen Gesichtspunkten gegenüber und beschreiben Unterschiede oder Übereinstimmungen.	S. 61, 1 S. 65, 2 S. 70, 2b S. 71, 3
ordnen/zuordnen	Sie fügen Formulierungen, Aussagen, Texte aufgrund übereinstimmender Merkmale und gegebenenfalls nach einer Rangfolge zusammen.	S. 48, 1 S. 65, 2c S. 88, 3a
einordnen	Sie stellen auf der Grundlage einer vorgegebenen Betrachtung Sachverhalte, Aussagen oder Problemstellungen in einen Zusammenhang (z. B. einzelne Figurenaussagen in den Textzusammenhang; einzelne Gedichte, Ereignisse in einen literaturgeschichtlichen Zusammenhang).	
untersuchen/ analysieren	Sie erfassen den Inhalt und die Form von Texten oder anderen Materialien (z. B. Karikaturen) nach vorgegebenen oder selbst gewählten Gesichtspunkten wie z. B. Kernaussagen, Aufbau, sprachliche Besonderheiten, Figurenkonstellationen usw., beschreiben und deuten diese. Sie arbeiten den Wechselbezug von Inhalt und Form (besonders bei literarischen Texten) heraus.	S. 12, 1 S. 13, 1 S. 61, 2 S. 63, 2 S. 64, 1 S. 65, 2 S. 68, 1, 2 S. 75, 1 S. 89, 3c

Operatoren kennen – Arbeitsanweisungen verstehen

Anforderungsbereich III

Dieser Bereich umfasst das Beurteilen und Bewerten sowie selbstständige Problemlösungen auf der Grundlage des angeeigneten Wissens. Von Ihnen wird erwartet, dass Sie sich selbstständig mit einem Thema, einer Problemstellung, einem literarischen Text auseinandersetzen, verschiedene Positionen diskutieren, bewerten, dazu begründet Stellung nehmen, selbstständig Lösungswege vorschlagen und Ihr Vorgehen sowie das anderer kritisch reflektieren.

Verb	Anforderung (erwartete Tätigkeit)	Beispielaufgabe im Buch
beurteilen	Sie formulieren selbstständig auf der Grundlage von vorhandenen Kenntnissen eine sachliche, vorurteilsfreie Position zu einem Sachverhalt, einer Aussage, einer Problemstellung, einem Text.	S. 57, 1 S. 91, 2
bewerten	Die Bewertung erfordert zunächst die Beurteilung von Sachverhalten, Problemstellungen usw. Diese Beurteilung ergänzen Sie allerdings durch Ihre persönliche Sichtweise auf der Grundlage Ihrer Wertmaßstäbe, die Sie dabei offenlegen.	S. 75, 1c S. 90, 1a S. 91, 3 S. 94, 3
begründen	Sie stellen einen Zusammenhang zwischen Ursachen und Folgen oder Wirkungen her. Sie untermauern eine Aussage, Meinung, Position, These durch Sach- und Fachkenntnisse, d.h. mit nachvollziehbaren Argumenten (z. B. mit Beispielen, Belegen).	S. 41, 2 S. 48, 1c S. 52, 1
sich auseinandersetzen mit	Sie befassen sich ausführlich mit einer Behauptung bzw. einer Problemstellung, bedenken unterschiedliche Aspekte des Problems, Ursachen, Folgen. Sie bauen auf dieser Grundlage eine schlüssige Argumentation auf.	S. 13, 3 S. 17, 2 S. 63, 3
erörtern	Sie betrachten oder diskutieren eine Aussage, These (Behauptung) oder eine Problemstellung von verschiedenen Seiten. Dabei wird durch eine Abfolge von *Für-und-Wider-* bzw. *Sowohl-als-auch-Argumenten* die Stichhaltigkeit der Argumentation beurteilt, bewertet und zu einer eigenen Stellungnahme bzw. zu Lösungsvorschlägen geführt. Grundlage für das Erörtern sind Tätigkeiten wie: *sich auseinandersetzen, begründen, beurteilen, bewerten.*	
Stellung nehmen	Sie beurteilen und bewerten eine Problemstellung oder Behauptung und positionieren sich dazu mit überzeugenden Argumenten. Anders als bei der Erörterung müssen Sie nicht auf alle gegnerischen Positionen eingehen, wenngleich das Entschärfen dieser Ihre eigene Position aber stärken kann.	
interpretieren	Auf der Basis einer umfassenden Analyse und Bewertung eines Textes oder anderer Materialien deuten Sie Sinnzusammenhänge und erläutern die Gesamtaussage eines Textes in einer begründeten Stellungnahme. Je nach Aufgabenstellung können Sie sich dabei auf den Text beschränken oder Informationen zum Autor und/oder zum geschichtlichen Hintergrund einbeziehen. Grundlage für das Interpretieren sind bzw. können Tätigkeiten sein wie: *erschließen, untersuchen/analysieren, charakterisieren, vergleichen, bewerten, begründen.*	S. 75, 2
entwerfen	Sie legen auf der Grundlage einer Arbeitsvorgabe wesentliche Punkte und Arbeitsschritte fest, z. B. für das Schreiben eines Textes, für das Gestalten einer Werbeanzeige oder Wandzeitung.	S. 125, 2

Operatoren kennen – Arbeitsanweisungen verstehen

erstellen/ gestalten/ verfassen	Sie fertigen unter Beachtung von Vorgaben (z. B. Textsorten, Wechsel der Perspektive, Hinweis auf Adressaten) einen Text (z. B. Leserbrief, Vortrag, Dialog, Bewerbungsschreiben, Werbeanzeige) oder eine Arbeitsvorlage an.	S. 87, 3 S. 95, 3 S. 32, 3 S. 43, 2d
gestaltend interpretieren	Grundlage und Orientierung kann auch eine Textvorlage sein, dann wird erwartet, dass Sie die Besonderheiten der Vorlage erfassen und in Ihrer Textproduktion berücksichtigen.	

Arbeitsanforderungen und erwartete Ergebnisse

Die folgenden Musterlösungen zeigen Ihnen, welche Ergebnisse bei der Anwendung einiger ausgewählter Operatoren erwartet werden können:

Anforderungsbereich I: *zusammenfassen*

Aufgabe (S. 58, 1d): ***Fassen Sie alle Informationen [des Textes „Mobilfunk: Wissen Sie, wie Ihr Handy funktioniert?"] zur Funktionsweise des Mobilfunks zusammen.***

Muster

Jeder Provider unterhält ein Mobilfunknetz, das in einzelne Gebiete, so genannte Funkzellen, unterteilt ist. Die Funkzellen haben jeweils eine Mobilfunkanlage (Basisstation). Befindet sich ein Handynutzer innerhalb einer Funkzelle, werden Gespräche, SMS und Bilder als Funksignale an die Basisstation übertragen. Die Funksignale werden über die Basisstation an einen zentralen Computer weitergeleitet. Jedes eingeschaltete Handy sendet kurze Funksignale an die Basisstation, in deren Funkzelle es sich gerade befindet. Deswegen können Funksignale jederzeit an den Empfänger weitergeleitet werden.

Anforderungsbereich II: *untersuchen*

Aufgabe (S. 12, 1): ***Untersuchen Sie die drei Situationen mit Blick auf den Erfolg der Kommunikation zwischen den Gesprächspartnern. Gehen Sie dabei auf die Ebenen der Kommunikation*** **Darstellung, Ausdruck** ***und*** **Appell** ***ein.***

Muster

Situation 1:
Der zweite Satz von A verdeutlicht, dass er eine Befindlichkeit äußert.
Er bewegt sich also auf der Ebene des Ausdrucks.
B hat die Äußerung von A allerdings als Appell aufgefasst, er meinte, er solle den Vorhang schließen.
Er hat solche Formulierungen schon häufiger gehört. Meistens hatten sie das Ziel, ihn zum Handeln zu bewegen.
B hätte auf das nichtsprachliche Verhalten von A achten müssen. Zugekniffene Augen oder ein gequälter Gesichtsausdruck, vielleicht auch ein entsprechendes Aufzeigen mit den Fingern oder Händen hätten dann zu anderen Reaktionen führen können.

Operatoren kennen – Arbeitsanweisungen verstehen

Anforderungsbereich III: *interpretieren*

Aufgabe (S. 75, 2): ***Interpretieren Sie, wie die Erzählerin über Liebe denkt.***

Muster

Die Geschichte wird aus der Perspektive einer fiktiven Ich-Erzählerin erzählt. Das Thema der Geschichte – eben das Tolle an der Liebe – wird demzufolge aus ihrer subjektiven Sicht dargestellt, ihre Empfindungen bestimmen den Spannungsbogen der Geschichte.
Von der Erzählerin erfahren wir lediglich ihr Alter und ihr, nach eigener Einschätzung, problematisches Verhältnis zu Männern in den Phasen der Verliebtheit, über das einleitend und am Schluss nochmals in der Art eines offenen Ausblicks berichtet wird. Dazwischen – im Hauptteil – erfolgt eine ausführliche Schilderung der Empfindungen der Ich-Erzählerin.

Die Erzählerin beschreibt ihre Empfindungen sehr anschaulich. Sie verwendet dazu viele Begriffe, die auch in der Umgangssprache vorkommen, z. B. „aus dem Häuschen" (Z. 5, 6), „wie eine Granate" (Z. 4), „krallig und drängelig" (Z. 28). Das sind Sprachbilder oder Metaphern, durch die die Protagonistin ihre Empfindungen in Worte zu fassen versucht. Die Liebe bedeutet für die Erzählerin nämlich ein Gefühl, das sie nur schwer in Worte fassen kann.

Die Beispiele verdeutlichen, dass es sich nach Auffassung der Erzählerin bei der Liebe um ein unerwartetes und nicht zu kontrollierendes Ereignis handelt, das zu einem Gefühl der völligen Loslösung von der Realität führt.
Die Verfasserin will dieses Gefühl zwar nicht, kann es aber auch nicht unterdrücken. Wenn es eintritt, ist sie so leidenschaftlich, dass sie dem Geliebten keinen Freiraum mehr lässt. Sie will ihn „fressen" (Z. 17) (= total vereinnahmen), „so richtig auf ihn absegeln" (Z. 21) (= sich vollkommen auf jemanden fixieren), wird „krallig" (Z. 28) (= totale Vereinnahmung).
Die Verfasserin möchte gerne anders mit der Liebe umgehen können, möchte mit ihr „Walzer tanzen" (Z. 38 f.) (= beschwingt, locker und fröhlich umgehen) und „wenigstens mit einem Zeh auf dem Teppich bleiben" (Z. 41) (= Realitätsbezug behalten als Gegenteil zu „in den Himmel wachsen", Z. 5).
Allerdings weiß sie auch, dass der Kontrollverlust gerade das „Tolle an der Liebe" ausmacht, weil es abenteuerlich ist und ein Kribbeln auslöst, „total aus dem Häuschen" (Z. 5, 6) zu sein.
Das Auf und Ab der Gefühle, das die Erzählerin beschreibt, wird durch die Verwendung der vielen Sprachbilder sehr gut nachempfindbar.

1 *Beurteilen Sie die Muster.*

a) Welche Tätigkeiten (siehe Tabelle) wurden jeweils ausgeführt?

b) Begründen Sie anhand von Beispielen aus den Musterlösungen, warum die Operatoren unterschiedlichen Anforderungsbereichen zuzuordnen sind.

Textquellenverzeichnis

Burtscheidt, Christine: *Handy-Verbot an den Schulen, S. 56.* Aus: Süddeutsche Zeitung, 29.03.2006.

Claudius, Matthias: *Abendlied, S. 46.* Aus: Sämtliche Werke. München: Winkler 1984, S. 218.

Fettes Brot: *Definition von „Fett“* (gekürzt), *S. 76.* Aus: http://www.tsrocks.com/b/brot_fettes_texts/definition_von_fett.html (24.01.2007)

Fröhlich, Hermine: *Was erwartet die Wirtschaft von den Schulabgängern?, S. 113* (Originalbeitrag)

Gernhardt, Robert: *Walderkenntnis, S. 49.* Aus: R. G., Später Spagat. Frankfurt a. M.: Fischer 2006, S. 85.

Goethe, Johann Wolfgang: *Gefunden, S. 72.* Aus: Goethe. Poetische Werke. Gedichte und Singspiele 1. Berliner Ausgabe. Berlin/Weimar: Aufbau Verlag 1965, S. 22.

Göpfert, Yvonne: *Papier statt Plastik: Handy zum Wegwerfen, S. 66.* Aus: http://www.golem.de/0606/45789.html (08.06.2006)

Knatz, Christian: *Glimpflich, S. 49.* Aus: Groß-Gerauer Echo, 19.09.2006.

Konnerth, Tania: *Besser mit Konflikten umgehen* (gekürzt), *S. 22.* Aus: http://www.zeitzuleben.de/artikel/kommunikation/konfliktmanagement.html [15.10.2008]

Kruse, Karl: *Einmal süchtig, immer süchtig, S. 60* (Originalbeitrag)

Martenstein, Harald: *Scharfes Handy, S. 62.* Aus: Die Zeit, Jg. 47, Nr. 4, 15.01.2004.

Meier, Yasemin: *Dumm wie ein Sack Zement, S. 68.* Aus: Frankfurter Rundschau, 05.03.2005.

Seck-Agthe, Monika: *Das Tolle an der Liebe, S. 74.* Aus: Total verknallt. Ein Liebeslesebuch. Hg. v. Marion Bolte u. a. Reinbek bei Hamburg: Rowohlt 1984, S. 48 - 50.

Skármeta, Antonio: *Mit brennender Geduld* (Auszug), *S. 69.* München: Piper 1987, S. 22 - 24.

Süskind, Patrick: *Das Parfüm* (Auszug), *S. 46.* Zürich: Diogenes 1985, S. 5.

Wagner, Alexandra: *Stumme Gedanken* (unveröffentlicht, 2004), *S. 47.*

Wohmann, Gabriele: *Ein netter Kerl, S. 78.* Aus: G. W., Habgier. Erzählungen. Reinbek: Rowohlt 1978, S. 68 - 70.

Unbekannte und ungenannte Verfasser

Am Donnerstag ..., S. 71. Aus: http://www.tagesschau.de/wetter/0,1188,SPM514_NAV,00html (28.03.2007)

Alkopops - eine Gefahr für Jugendliche?, S. 43. Aus: Klein-Ingelheimer Anzeiger, 08.08.2006.

Auswertung einer Gruppendiskussion/Gruppenentscheidung (Feedback-Bogen), *S. 107.* Nach: Norm Green, Script zur BLK-Sommerakademie „Demokratie lernen und leben“, Ludwigsfelde 2003.

Das an den vergangenen Tagen ..., S. 71. Aus: http://wetterbote.de/grosswetterlage/index.php (28.03.2007)

Experten: Eltern müssen ihre Kinder wieder mehr bilden, S. 111. Aus: Frankfurter Rundschau, 10.12.2005.

fundieren ... (Wörterbuchauszug), *S. 27.* Aus: Wahrig. Die deutsche Rechtschreibung. Neuausgabe 2006. Gütersloh/München: Wissen Media Verlag GmbH 2006, S. 417.

Gebäudereiniger/-innen bereiten ihre Arbeit ... (verändert), *S. 29.* Aus: Beruf aktuell 2004/2005. Hg. v. der Bundesagentur für Arbeit, S. 210.

Gefunden - Die Handschrift ..., S. 73. Aus: Goethe. Poetische Werke. Gedichte und Singspiele 1. Berliner Ausgabe. Berlin/Weimar: Aufbau Verlag 1965, S. 783 - 784.

Gespräche aus dem „Reptiliengehirn“, S. 17 (Originalbeitrag)

machen handys süchtig?, S. 32: Aus: http://morgenpost.berlin1.de/content/2006/01/27/wissenschaft/806741.html (07.11.2006)

Mobilfunk: Wissen Sie, wie Ihr Handy funktioniert?, S. 58. Aus: Bundesamt für Strahlenschutz: Mobilfunk: Wie funktioniert das eigentlich? Salzgitter, 05/2006.

Mond, der ... (gekürzt), *S. 46.* Aus: rororo Lexikon, Duden-Lexikon. Band 6. Mannheim: Rowohlt 1966, S. 1428.

Shanghai. Ein deutscher Kunststudent ... (gekürzt), *S. 47.* Aus: Der heimliche Soldat. Groß-Gerauer Echo, 19.09.2006.

Sponsored by Opa!, S. 47. Aus: Groß-Gerauer Echo, 19.09.2006.

Studie: Handys machen süchtig, S. 60. Aus: http://www.heute.de/ZDFheute/inhalt/30/ 0,3672,3759454,00.html (26.09.2006) (mit Material von AFP, 26.01.2006)

Test: Was für ein Konflikttyp bin ich?, S. 24, 148. Nach: Thomas Estermann, Barbara Leu, Der Konflikt: nicht zu vermeiden, aber zu lösen! In: Psychologie Heute, Beltz Verlag, 6/2008.

Überprüfen Sie ... (Auszug), *S. 47.* Aus: Bedienungsanleitung, Wasserkocher NK003, Nordmende.

Alle hier nicht verzeichneten Texte sind Originalbeiträge für dieses Buch. Nicht in allen Fällen war es möglich, die Rechteinhaber ausfindig zu machen. Ansprüche werden im Rahmen der üblichen Vereinbarungen abgegolten.

Bildquellenverzeichnis

Einband: Digital Vision/Getty Images; **S. 5:** Otto Rogge/CORBIS; **S. 6 o.:** Bulls Press, Frankfurt/M.; u. li.: www.BilderBox.com; u. re.: blickwinkel/M. Baumann; **S. 7:** Peter Wirtz, Dormagen; **S. 9 o.:** Bulls Press, Frankfurt/M.; u.: Caro Fotoagentur/Therese Aufschlager; **S. 10:** Peter Wirtz, Dormagen; **S. 13 o.:** Bulls Press, Frankfurt/M.; u.: www.BilderBox.com; **S. 14:** Justin Jin/Agentur Focus; **S. 16:** F1 ONLINE/Uselmann Foto Design; **S. 20, 23:** Peter Wirtz, Dormagen; **S. 25:** picture-alliance/dpa; **S. 45:** EB-STOCK/Emanuel Bloedt, Dortmund; **S. 52:** Xavier Ballester, Hamburg; **S. 53:** Horst Haitzinger, München; **S. 55:** ullstein bild/Sylent-Press; **S. 57:** F1 ONLINE/Andy Ridder; **S. 58:** John Powell/DAS FOTOARCHIV; **S. 67:** picture-alliance/ZB; **S. 74:** Peter Frank/Veer/CORBIS; **S. 83:** ullstein bild/Wodicka; **S. 87:** www.photothek.net; **S. 88:** picture-alliance/dpa; **S. 90:** David Ausserhofer/Intro; **S. 91/95:** Peter Wirtz, Dormagen; **S. 96:** David Ausserhofer/Intro; **S. 99:** vario images; **S.100:** Peter Wirtz, Dormagen; **S. 105:** Peter Himsel/Intro; **S. 108:** Christian Kruska/Agentur Focus; **S. 109:** ullstein bild/ecopix; **S. 116:** picture-alliance/dpa; **S. 117:** Getty Images/Erik Dreyer; **S. 119:** TransFair e.V.; **S. 121:** picture-alliance/ZB; **S. 125:** ullstein bild/Wodicka; **S. 127:** David Ausserhofer/Intro; **S. 129:** picture-alliance/dpa.

Wir danken allen Rechteinhabern für die Abdruckgenehmigung. Da es uns leider nicht möglich war, alle Rechteinhaber zu ermitteln, bitten wir, sich gegebenenfalls an den Verlag zu wenden.

Lösungen:
S. 6 Originaltext der Sprechblase von Seite 10: Du willst uns klarmachen, dass 'ne Lohnkürzung bevorsteht, stimmt's?
S. 24 Zählen Sie pro Gruppe (A, B, C, D oder E) alle Aussagen zusammen, mit denen Sie eher übereinstimmen.
Bei der Gruppe, bei der Sie den höchsten Wert erreicht haben, finden Sie sich am ehesten wieder:
Ich habe unter **A** am häufigsten mit „eher ja" gestimmt:
- Sie tendieren dazu, sich zu ärgern; der Konflikt bricht aber nicht aus.
Ich habe unter **B** am häufigsten mit „eher ja" gestimmt:
- Sie sind der Typ, der sich gerne in Konflikten verstrickt und diese auch eskalieren lässt.
Ich habe unter **C** am häufigsten mit „eher ja" gestimmt:
- Sie sind eher der Typ, der noch lange innerlich schmollt, sich aber nichts anmerken lässt.
Ich habe unter **D** am häufigsten mit „eher ja" gestimmt:
- Nach einem Konflikt tun Sie gerne so, als ob nichts gewesen sei; innerlich „kochen" Sie aber weiter.
Ich habe unter **E** am häufigsten mit „eher ja" gestimmt:
- Sie sind der Typ, dem Klärungen nach einem Konflikt sehr wichtig sind.

Textsortenverzeichnis

Sachwortverzeichnis

Sachwortverzeichnis

Illustrationen:
Miklos Buttkai, Duisburg: S. 26, 28, 31, 35, 36, 39, 43, 72, 84
Matthias Pflügner, Berlin: S. 41, 59, 102, 106, 110, 112

Projektleitung	Gabriele Biela
Redaktion	Karin Unfried, Cathérine Lau, Dietlinde Thomas
Bildrecherche	Kirsten Greve, EYES-OPEN
Gesamtgestaltung und technische Umsetzung	EYES-OPEN – Agentur für Text & Design, Berlin

www.cornelsen.de

Die Webseiten Dritter, deren Internetadressen in diesem Lehrwerk angegeben sind, wurden vor Drucklegung sorgfältig geprüft. Der Verlag übernimmt keine Gewähr für die Aktualität und den Inhalt dieser Seiten oder solcher, die mit ihnen verlinkt sind.

Dieses Werk berücksichtigt die Regeln der reformierten Rechtschreibung und Zeichensetzung. Bei den mit [R] gekennzeichneten Texten haben die Rechteinhaber einer Anpassung widersprochen.

1. Auflage, 4. Druck 2017

Alle Drucke dieser Auflage sind inhaltlich unverändert und können im Unterricht nebeneinander verwendet werden.

Druck und Bindung: Livonia Print, Riga

ISBN 978-3-06-061202-4

PEFC zertifiziert
Dieses Produkt stammt aus nachhaltig bewirtschafteten Wäldern und kontrollierten Quellen.
www.pefc.de